Dieses Buch gehört:

....

....

Die drei ??? *Kids*

Die drei ??? *Kids*

Diebstahl im All

Erzählt von Anja Körner

Mit Illustrationen von Harald Schröder

KOSMOS

Umschlag- und Innenillustrationen von Harald Schröder, Aachen
Umschlagillustration unter Verwendung von Farbfotos von: NASA/JPL-Caltech,
NASA, SOHO (ESA & NASA)
Grundlayout von der Peter Schmidt Group, Hamburg
Umschlaggestaltung und Innenlayout von Sabine Reddig, Wöllstadt

Mit Farbfotos von:
Nishi's Images/Shutterstock.com: S. 20 Hintergrund; NASA/JPL: S. 20 u.; SOHO (ESA & NASA):
S. 21 o.; Soleil Nordic/Shutterstock.com: S. 21 u.; NASA: S. 22 u.; NASA: S. 26 u.; Everett Collection/
Shutterstock.com: S. 27 u.; csgms/Shutterstock.com: S. 37 o.; ESO/L. Calçada: S. 42 u.;
NASA/ESA: S. 43 o.; NASA: S. 43 u.; Mark Emmerich, Sven Melchert: S. 49 m.; NASA/Apollo 11:
S. 54 m.; L Galbraith/Shutterstock.com: S. 55 u.; NASA: S. 60 o.; ESA/Hubble/A. Fujii: S. 66 o.;
vector_brothers/Shutterstock.com: S. 74 u.; NASA: S. 75 u.; ChiccoDodiFC/Shutterstock.com:
S. 83 o.; ESO: S. 83 u.; Li Bro/Shutterstock.com: S. 98 m.

Unser gesamtes lieferbares Programm und viele
weitere Informationen zu unseren Büchern, Spielen,
Experimentierkästen, Aktivitäten, Autorinnen und
Autoren findest du unter **kosmos.de**

Vielen Dank an Susanne Richter für ihre fachliche Beratung und
an unsere Testleserinnen und Testleser Hadley, Cameron und Finn.

Gedruckt auf chlorfrei gebleichtem Papier

© 2023, Franckh-Kosmos Verlags-GmbH & Co. KG,
Pfizerstraße 5–7, 70184 Stuttgart
Alle Rechte vorbehalten
ISBN 978-3-440-17632-0
Redaktion und Lektorat: Leyla Navarro
Grundlayout und Satz: DOPPELPUNKT, Stuttgart
Produktion: Verena Schmynec
Druck und Bindung: Grafisches Centrum Cuno, Calbe
Printed in Germany / Imprimé en Allmagne

Sachwissen

Hallo,

ich heiße Justus Jonas, bin zehn Jahre alt und komme aus Rocky Beach. Das ist eine kleine Stadt an der Küste von Kalifornien. Mit meinen beiden Freunden Peter Shaw und Bob Andrews habe ich dort schon die unglaublichsten Abenteuer erlebt, Verbrecher gejagt und viele knifflige Fälle gelöst. Denn Peter, Bob und ich sind Detektive, genauer gesagt: Wir sind die drei ???.

Unser neuer Fall hat uns sogar bis ins Weltall geführt, denn diesmal sind wir einem Planetendieb auf der Spur. Ganz nebenbei haben wir auch noch jede Menge über das Universum herausgefunden. Zum Beispiel über unser Sonnensystem, riesige Galaxien, ferne Planeten, schwarze Löcher und vieles mehr.

Dabei ist uns aufgefallen, dass es im Weltraum noch viele unerforschte Orte und ungelöste Rätsel gibt. Wie gemacht für uns als Detektive.

Und du? Bist du auch so begeistert vom Weltall wie wir? Dann wird dir unser neuer Fall sicher gefallen.

Viel Spaß beim Lesen!
Justus Jonas

Diebstahl im All

Wie schon die ganzen Ferien über war es auch an diesem Nachmittag unglaublich heiß. Justus Jonas saß mit seinen beiden Freunden Peter Shaw und Bob Andrews auf der Veranda. Vor den drei Freunden stand ein Krug mit Eistee. Peter nahm als Erster einen Schluck und seufzte. »Überirdisch!«

»Allerdings«, stimmte ihm Bob zu und schnupperte in die Luft. »Backt deine Tante etwa Kuchen, Just?« Kaum hatte er das gesagt, stand Tante Mathilda auch schon neben ihnen. In den Händen trug sie einen Teller mit duftendem Kuchen, den sie vor ihnen auf den Tisch stellte. »Was ist denn das?«, fragte Justus entgeistert. »Das ist ja gar kein Kirschkuchen!« Schließlich backte seine Tante sonst immer ihren legendären Kirschkuchen.

»Richtig. Das ist Apfelkuchen. Ich experimentiere gerade mit neuen Rezepten«, fügte Tante Mathilda stolz hinzu und verschwand wieder im Haus.

»Ich habe wirklich nichts gegen Experimente, aber muss das ausgerechnet beim Kuchen sein?« Bob schüttelte den Kopf. »Oder hat dir deine Tante eine Kirschkuchendiät verordnet, Just?« Er lachte und klopfte Justus auf die Schulter.

»Haha, sehr witzig«, gab Justus zurück. »Nur zu deiner In-

formation: Ich bin nicht dick, höchstens ein bisschen kräftig gebaut.« Währenddessen nahm sich Peter ein Stück Kuchen und biss hinein. Seine gerunzelte Stirn glättete sich augenblicklich. »Ga' nich' schlechft«, murmelte er mit vollem Mund. Die anderen beiden nahmen sich nun auch ein Stück. Sie kauten und grinsten sich an. »Wirklich nicht schlecht, aber auf einer Skala von 1 bis 10 ist das maximal eine 8«, stellte Justus entschieden fest. »Ich vergebe eine 9«, sagte Peter. »Bob?«

»Ich nehme mir lieber noch ein Stück«, sagte Bob und zwinkerte den anderen beiden zu. In diesem Moment tauchte Justus' Onkel Titus Jonas auf der Veranda auf. »Hey, Jungs!«, grüßte er die drei Freunde und blieb abrupt vor dem Tisch stehen. Verdutzt starrte er auf den Kuchenteller. »Was ist das denn? Das ist ja gar kein Kirschkuchen.«

»Apfelkuchen«, sagten alle drei wie aus einem Mund. »Tante Mathilda experimentiert mit neuen Rezepten«, erklärte Justus.

»Oha«, murmelte Onkel Titus erstaunt, fuhr dann aber fort: »Ach ja, Stichwort Experimente: Ein junger Mann hat gerade Wertstoffteile für ein Experiment bei mir gekauft. Dann ist er losgefahren und hat sein Portemonnaie liegen lassen.« Titus Jonas betrieb einen Schrottplatz in Rocky Beach, einem kleinen Städtchen an der kalifornischen Pazifikküste. Allerdings hätte er das Wort Schrott am liebsten aus dem Wörterbuch streichen lassen. Die alten Autoreifen, Elektrogeräte, Metallteile und was er sonst noch alles auf seinem Hof hatte, waren schließlich Wertstoffe.

Onkel Titus legte ein schwarzes, etwas abgeschabtes Portemonnaie vor den drei Freunden auf den Tisch. »Leider habe ich gleich noch einen Termin. Könntet ihr dem jungen Mann sein Portemonnaie bringen? Er heißt Tom Webster und arbeitet in der Sternwarte. Oben in der Clifton Road. Ihr wisst, wo das ist, oder?«

»In der Sternwarte?« Justus wurde hellhörig. In die Sternwarte wollte er schon lang mal wieder. »Klar, das übernehmen wir, Onkel Titus«, sagte er. Peter und Bob nickten, auch wenn sie nicht gerade begeistert aussahen. Denn der Weg zur Sternwarte war weit und führte außerhalb von Rocky Beach die bergige Küstenstraße entlang.

Onkel Titus war schon an seinem Auto. »Danke, Jungs! Wenn ihr zurück seid, spendiere ich euch ein Eis!«

»Aber Titus«, Tante Mathilda lehnte sich aus dem Küchenfenster, »die Jungen hatten doch gerade erst Kuchen.«

»Bei dem Wetter gehört ein Eis zu den Grundnahrungsmitteln«, rief Onkel Titus lachend zurück und zeigte nach oben in den strahlend blauen Himmel. Justus musste lächeln, denn das war mal wieder ganz typisch für Tante Mathilda und Onkel Titus. Seit er fünf Jahre alt war, lebte er bei den beiden. Damals waren seine Eltern bei einem Unfall ums Leben gekommen. Doch bei seiner Tante und seinem Onkel hatte er ein neues liebevolles Zuhause gefunden und fühlte sich dort richtig wohl.

Wenig später saßen die drei ??? auf ihren Rädern und strampelten die steile Küstenstraße zur Sternwarte hoch.

Obwohl es schon später Nachmittag war, hatte sich die Luft kaum abgekühlt. »Wie lang ist diese Straße denn noch?«, keuchte Bob. Justus gab nur ein Brummen von sich. Mehr Puste hatte er einfach nicht.

Nach der nächsten Kurve tauchte endlich das runde Steingebäude mit dem Kuppeldach vor ihnen auf: die Sternwarte von Rocky Beach.

»Wo bleibt ihr denn?«, fragte Peter grinsend, der lässig neben seinem Fahrrad stand. Als der sportlichste der drei Freunde war Peter wie immer zuerst am Ziel angekommen. Während Justus und Bob ihre Räder abstellten, hörten sie eine männliche Stimme lautstark fluchen. »Verdammt! Das kann doch nicht sein.« Kurz war es still, dann folgte ein verzweifeltes »Oh, nein, nein, nein! Bitte nicht!« Ein lautes Krachen ertönte, als wären gerade Möbelstücke umgestürzt.

Überrascht schauten sich die drei Freunde an. Justus, der Anführer der drei ???, fasste sich als Erster. »Das kam aus der Sternwarte. Kommt, lasst uns mal nachsehen.« Mit ein paar schnellen Schritten waren sie am Eingang des Gebäudes. Die Tür stand offen und gab den Blick frei auf ein heilloses Durcheinander. Der Boden war übersät mit Zetteln und Büchern. Dazwischen lagen Stifte, ein Stuhl und eine umgekippte Tafel, die vollgekritzelt war mit mathematischen Berechnungen. Das Einzige, was noch an seinem Platz zu sein schien, war ein riesiges Teleskop in der Mitte des Raumes.

Vor dem Schreibtisch, der sich gegenüber dem Eingang befand, stand ein junger Mann. Er trug eine graue Hose und ein rotes T-Shirt. Seine Hände wühlten hektisch in den Unterlagen auf dem Tisch. Immer wieder fuhr er sich durch die dunklen, zerzausten Haare. Dabei murmelte er: »Wo sind sie? Wo sind sie nur?«

»Wo ist was, Mr Webster?«, fragte Justus forsch und schob sich an der umgefallenen Tafel vorbei in den Raum. Der junge Mann fuhr herum und blinzelte Justus überrascht an. »Sie sind doch Tom Webster, richtig?«, fragte Justus. Der Mann nickte, doch sein Blick wanderte schon wieder über die verstreuten Unterlagen.

Der Erste Detektiv räusperte sich. »Ich bin Justus Jonas und das hier sind Bob Andrews und Peter Shaw. Wir wollten Ihnen Ihr Portemonnaie zurückbringen.«

»Mein Portemonnaie?« Tom Webster drehte sich langsam zu Justus um. »Wo habt ihr das denn her?« Mit zusammenge-zogenen Augenbrauen sah er Justus misstrauisch an.

»Sie haben es vorhin im Gebrauchtwarencenter meines Onkels Titus Jonas vergessen. Er hat uns gebeten, es Ihnen zu bringen.«

»Ach so, ja. Ich habe es noch gar nicht vermisst.« Er nahm die Geldbörse entgegen und schob sie in seine Hosentasche. »Dann habt ihr hiermit wohl nichts zu tun.« Der Forscher zeigte auf das Chaos im Zimmer und die drei Freunde schüttelten die Köpfe. »Was ist denn passiert?«, wollte Justus wissen.

»Hier ist jemand eingebrochen. Dabei war ich nur mal schnell auf dem Schrottplatz und eine Runde schwimmen, um mich abzukühlen. Ich war höchstens eineinhalb Stunden weg. Als ich vor einer Viertelstunde hier angekommen bin, sah es dann so aus«, mit verzweifelter Miene schaute sich Webster in der Sternwarte um. »Alle meine Unterlagen und mein Computer sind weg. Was mache ich denn jetzt nur?«

»Was für Unterlagen suchen Sie denn?« Bob hob ein paar der Zettel vom Boden auf.

»Nein, nein. Das kannst du alles liegen lassen. Was ich suche, ist meine Bewerbung für den Internationalen Preis der Weltraumforschung. Sie lag hier auf dem Schreibtisch«, der junge Mann tippte fahrig mit dem Zeigefinger auf die Tischplatte, »aber jetzt ist sie spurlos verschwunden. Dabei wollte ich sie doch morgen verschicken.«

»Nichts verschwindet spurlos«, sagte Justus bestimmt. »Fangen wir mal ganz von vorn an: Worum geht es denn in Ihrer Bewerbung?« Tom Webster atmete tief durch. »Es geht um einen neuen Planeten, den ich entdeckt habe. Er liegt in der Nähe unseres Sonnensystems. Das allein wäre noch nichts Besonderes. Aber es könnte dort nach meinen Berechnungen tatsächlich Leben geben. Versteht ihr? Alles deutet darauf hin. Das wäre eine absolute Sensation!« Für einen kurzen Moment leuchtete sein Gesicht auf, dann fiel sein Blick wieder auf die drei Jungen. »Aber jetzt ist alles weg. Und in drei Tagen ist der Bewerbungsschluss für den Forscherpreis. Wenn ich die Ergebnisse bis dahin nicht eingereicht habe, bin ich raus. Dabei brauche ich das Geld wirklich dringend, um weiter forschen zu können.« Tom Webster ließ sich auf den Schreibtischstuhl fallen.

»Mr Webster, ich fasse noch mal zusammen: Die ausgedruckten Bewerbungsunterlagen und Ihr Computer sind weg,
richtig?«, fragte Justus.

Tom Webster nickte unglücklich. »Alle meine Forschungsergebnisse aus dem letzten Jahr.«

»Gibt es keine Kopien davon?«, fragte Bob, der
sich im Raum umgesehen hatte und nun auch
neben Justus stand. Nur Peter stand noch immer
etwas unschlüssig am Eingang.

»Leider nein. Aber mein Computer ist mit einem Passwort
geschützt«, sagte der junge Forscher. »Allerdings sind die
ausgedruckten Unterlagen ja auch weg.«

»Ist denn außer Ihrer Bewerbung noch etwas gestohlen
worden?«, fragte Justus. Tom Webster sah sich um und schüttelte dann den Kopf. »Ich glaube nicht.«

»Also hat es jemand gezielt auf Ihre Forschungsergebnisse
abgesehen. Jemand, der wusste, woran Sie arbeiten. Wer
könnte denn ein Interesse an diesen Ergebnissen haben?«

»Keine Ahnung.« Der junge Mann zuckte die Achseln und
sackte noch etwas mehr in sich zusammen.

»Haben Sie die Polizei schon informiert?«, fragte Justus.

»Die Polizei? Nein … daran habe ich noch gar nicht gedacht.«

»Dürfen wir Ihr Telefon benutzen?« Tom Webster nickte ab-
wesend und deutete auf das Telefon neben sich auf dem
Schreibtisch.

Justus wählte die Nummer von Kommissar Reynolds. Nach

kurzem Klingeln ging der Kommissar an den Apparat. »Hallo Kommissar Reynolds, hier spricht Justus Jonas.«

»Ah, Justus, du bist es. Wie geht es meiner Spezialeinheit? Womit kann ich euch dienen?«, schallte es aus dem Telefonhörer. Die drei ??? hatten schon mehrere Fälle mit ihm gemeinsam gelöst. Der Kommissar freute sich immer, von ihnen zu hören.

Justus erklärte ihm in wenigen Sätzen, was sich ereignet hatte, und legte kurz darauf auf.

»Kommissar Reynolds kommt erst in etwa zwei Stunden. Er ist gerade noch mit einem anderen Fall beschäftigt. Dürfen wir uns hier so lang etwas genauer umsehen?« Tom Webster warf Justus einen verwunderten Blick zu, zuckte dann aber die Achseln. »Klar, warum nicht?«

Die drei ??? machten sich sofort an die Arbeit und suchten nach Spuren. »Wahrscheinlich ist der Täter hier eingestiegen«, bemerkte Justus und deutete auf das geöffnete Fenster. Bob und Peter kamen dazu und untersuchten den Fensterrahmen. »Hatten Sie das Fenster offen gelassen, Mr Webster?«, fragte Bob.

»Ja, ich war nicht lang weg. Und die Fenster sind recht hoch, ich dachte nicht, dass man hier so einfach einsteigen kann ...« Er verstummte und fuhr sich nervös mit der Hand über die Stirn.

Justus beugte sich über das Fensterbrett, um nach unten zu schauen. »Es sei denn man hat eine sehr lange Leiter. Lasst uns draußen mal nachsehen, ob wir verdächtige Spuren unter dem Fenster finden.«

Im gleichen Moment gab Peter ein lautes »Au! Mist!« von sich. Er war mit dem Kopf an ein Planetenmodell gestoßen, das in einer Ecke des Raums von der Decke hing. »Hat der Mars dich etwa angegriffen?«, scherzte Bob und kicherte. »Wenn schon, dann war das Neptun«, brummte Peter und rieb sich den Kopf.

»Genau genommen«, schaltete sich jetzt Justus ein, »war es weder Mars noch Neptun. Peter ist mit dem Kopf an Uranus gestoßen. Neptun und Uranus sind leicht zu verwechseln. Beide sind sehr kalt und leuchten deshalb blau. Man nennt sie auch die Eisplaneten.«

»Woher weißt du denn das schon wieder?«, fragte Peter.

»Weil ich im Gegensatz zu dir keine Poster von Basketball-profis über meinem Bett hängen habe, sondern eines vom Weltraum«.

»Just, du bist und bleibst unser wandelndes Lexikon.« Bob grinste und fuhr mit dem Finger den Ring des Saturn entlang, der direkt neben seinem Kopf baumelte. Der junge Forscher war mittlerweile aufgestanden und hatte sich zu den drei ??? gestellt. »Das Modell habe ich schon, seit ich in eurem Alter war. Wisst ihr, wie ich mir früher die Reihenfolge der Planeten gemerkt habe?« Mit einem Mal wirkte er gar nicht mehr zerstreut, sondern hellwach.

»Wie denn?«, fragte Bob.

»Mit dem Satz: **M**ein **V**ater **e**rklärt **m**ir **j**eden **S**onntag unseren **N**achthimmel.« Peter und Bob schauten ihn verständnislos an. Justus überlegte kurz und sagte dann: »Jeder Anfangsbuchstabe steht für einen Planeten, richtig? M für Merkur, V für Venus, E für Erde und so weiter.«

»Genau.« Tom Webster nickte anerkennend. Der junge Forscher deutete auf das Modell. »Das hier ist der Mittelpunkt unseres Sonnensystems: die Sonne. Um sie kreisen acht Planeten. Nämlich **M**erkur, **V**enus, unsere **E**rde, **M**ars, **J**upiter, **S**aturn, **U**ranus und **N**eptun.« Die drei ??? nickten interessiert und Tom Webster erzählte weiter ...

Planeten

Die Planeten leuchten nicht von selbst, sie werden von der Sonne angestrahlt und befinden sich in einer Umlaufbahn. Das bedeutet, sie drehen sich um die Sonne und bleiben dabei immer auf derselben Spur. In unserem Sonnensystem gibt es zwei Arten Planeten: Gasplaneten und Gesteinsplaneten.

Unser Sonnensystem

Um unsere Sonne kreisen neben den acht Planeten auch fünf Zwergplaneten und hunderttausende Gesteinsbrocken. Außerdem haben Forscher bereits 172 Monde entdeckt, die sich um die Planeten in unserem Sonnensystem drehen. Die Erde hat, wie du weißt, nur einen Mond. Beim Planeten Saturn hingegen wurden schon 82 Monde gezählt.

Jupiter

Wusstest du ...

... dass Jupiter der größte Planet in unserem Sonnensystem ist? Er ist so groß, dass die Erde etwa 1.300-mal in den Jupiter hineinpassen würde. Merkur ist der kleinste der acht Planeten. Wenn du dir Jupiter in der Größe einer Grapefruit vorstellst, dann ist Merkur gerade noch so groß wie eine Erbse.

Die Sonne

Unsere Sonne ist eine riesige brennende Kugel aus Gas und ist 6000 Grad Celsius heiß. Unsere Erde würde mehr als 1,3 Millionen Mal in die Sonne hinein- passen. Auch wenn das gigantisch klingt, ist sie nur einer von Billionen Sternen im Weltall. Sterne sind die einzigen Himmelskörper, die Licht und Wärme abgeben. Das bedeutet: Ohne die Sonne gäbe es weder Tageslicht auf der Erde noch Jahreszeiten.

Wusstest du ...

... wie die Jahreszeiten entstehen? In einem Jahr kreist die Erde einmal um die Sonne. Da die Erdachse aber nicht gerade ist, sondern leicht schräg zur Umlaufbahn der Erde, fällt für sechs Monate mehr Sonnenlicht auf die nördliche Halbkugel als auf die südliche. Dann steigen bei uns die Temperaturen und es wird Sommer. Zur gleichen Zeit wird es auf der anderen Seite der Erde Win- ter. Ein halbes Jahr später ist das genau umgekehrt.

Die Erde

Kannst du dir vorstellen, warum die Erde auch der »Blaue Planet« genannt wird? Das kommt daher, weil es so viel Wasser gibt. Über 70 Prozent der Erdoberfläche bestehen aus Meeren, Seen oder Flüssen. Ein weiterer Vorteil der Erde ist, dass sie genau den richtigen Abstand zur Sonne hat. Deshalb wird es bei uns nicht zu kalt und auch nicht zu heiß. Für die richtigen Temperaturen sorgt zusätzlich die Erdatmosphäre. Das ist eine mehrere tausend Kilometer dicke Schutzschicht um die Erde. Sie sorgt auch dafür, dass wir Luft zum Atmen haben. Unter diesen Bedingungen können Tiere, Pflanzen und Menschen hier gut leben. In den letzten 100 Jahren ist es um etwa ein Grad Celsius wärmer geworden auf der Erde. Das bedeutet, dass sich das Klima auf unserem Planeten verändert. Diese Entwicklung wird auch Klimawandel genannt.

Klimawandel

Das Wort *Klimawandel* hast du sicher schon gehört. Dabei geht es darum, dass die Temperaturen auf der Erde steigen. Dass es in den letzten 100 Jahren einen Grad Celsius wärmer geworden ist, hört sich nicht nach viel an, doch schon dieses eine Grad hat viele Auswirkungen. Je wärmer es wird, desto schneller schmilzt zum Beispiel das Eis am Nord- und Südpol. Der Lebensraum von Tieren wie Eisbären und Robben wird dadurch immer kleiner. Der Klimawandel entsteht, weil zu viele Gase wie etwa Kohlendioxid in die Erdatmosphäre gelangen. Diese Gase verhindern, dass die Wärme die Erdatmosphäre verlassen kann. Deshalb wird es immer wärmer auf unserem Planeten. Viele Menschen finden, dass wir dringend etwas gegen den Klimawandel unternehmen müssen.

Wie kamen die Planeten zu ihren Namen?

Die Planeten wurden nach römischen und griechischen Göttern benannt. Neptun zum Beispiel ist der römische Meeresgott, Mars der römische Kriegsgott und Uranus der griechische Gott der Elemente. Sein Name bedeutet so viel wie »Himmel«.
Das Wort »Planet« kommt auch aus dem Griechischen und heißt übersetzt »Wanderer«.

Mars

Neptun

Uranus

Bisher hatten die drei ??? Tom Webster aufmerksam zugehört. Doch jetzt hatte Justus eine Frage: »Wo liegt denn der Planet, den Sie gefunden haben?«

»Etwa hier.« Tom Webster zeigte mit dem Finger auf einen Punkt in der Luft. »Ich habe ihn Caruso getauft. Caruso – nach meinem Kater.« Wie aufs Stichwort ertönte ein Miauen, und ein getigerter Kater kam durch den Eingang der Sternwarte. Er steuerte schnurstracks auf Peter zu und rieb seinen Kopf an dessen Bein. »Erstaunlich«, sagte Tom Webster überrascht, »Caruso scheint dich zu mögen, Peter. Normalerweise mag er keinen Besuch.« Peter beugte sich hinunter und streichelte den Kater. Dabei fiel sein Blick auf eine Kiste, die links vom Eingang an der Wand stand.

»Ist das hier der Schrott, den Sie von Titus Jonas gekauft haben?« Er hob eine verbogene Metallstange in die Höhe. Tom Webster nickte. »Was haben Sie denn damit vor?«, wollte Bob wissen.

»Ich brauche die Sachen für einen Versuch. Wisst ihr, ich arbeite schon länger an einem Recyclingsystem für Weltraumschrott.«

»Weltraumschrott?«, fragte Bob. »Was ist das denn?«

»Im All gibt es jede Menge Schrott. Das sind zum Beispiel Teile von ausgedienten Satelliten oder Raketen. Sie haben keinen Nutzen mehr, rasen aber mit mehreren zehntausend Stundenkilometern durch den Weltraum.« Er zeigte nach oben. »Das ist viel schneller als jedes Flugzeug. Und eine echte Gefahr für die Raumfahrt. Schon ein kleines Schrottteilchen reicht aus, um einen Satelliten zu zerstören oder eine Raumstation zu beschädigen. Stellt euch vor, ihr sitzt in einer Rakete und so ein Stück Schrott kommt auf euch zu. Das kann richtig gefährlich werden. Versteht ihr?« Die Jungen nickten. »Und Sie haben vor, den Schrott im All einzusammeln und wiederzuverwerten?«, hakte Justus nach.

»Genau«, Tom Webster lächelte die drei an. »Das sind wertvolle Materialien, die da einfach so herumfliegen.«

»Es sind schließlich Wertstoffe und kein Schrott«, bemerkte Bob und grinste Justus an. Das war der Spruch, den Justus' Onkel Titus bei jeder Gelegenheit brachte.

»Nichts ist so alt, dass man es nicht noch für irgendetwas gebrauchen könnte«, antwortete Justus mit einem weiteren von Onkel Titus' Lieblingssprüchen. Die drei ??? lachten los. Tom Webster sah sie kurz erstaunt an, dann sagte er: »Richtig. Die Materialien kann man nutzen, um neue Satelliten, Raketen oder Raumstationen zu bauen.«

»Müssen Sie auch in den Weltraum, um Ihre Erfindung auszuprobieren?«, fragte Peter.

»Erst einmal muss das System funktionieren, aber dann müsste es natürlich auch im Weltraum getestet werden. Am besten von einer Raumstation aus«, bestätigte der Forscher.

»Waren Sie denn schon mal auf einer Raumstation?«, fragte Bob, und Tom Webster schüttelte den Kopf. »Nein, leider nicht.«

»Aber Sie wissen, was dort passiert, oder?«, wollte Justus wissen.

Tom Websters Augen leuchteten auf: »Aber sicher.«

Raketen und Raumstationen

Menschen träumen schon lang davon, im Universum neue Welten zu entdecken. Zum Mond sind schon Astronauten gereist, aber auf einem anderen Planeten war bisher noch niemand.

Die Raumstation ISS

Die Internationale Raumstation ISS kannst du dir vorstellen wie ein Forschungslabor im Weltall. Sie umkreist die Erde in 400 Kilometer Entfernung. Durch die riesigen Sonnensegel ist die ISS größer als ein Fußballfeld. Gebaut wurde sie von den USA und 15 weiteren Ländern. Neben den Laborräumen gibt es auch Wohnräume. Bis zu sechs Astronautinnen und Astronauten können gleichzeitig auf der ISS leben und forschen. Sie bleiben meistens mehrere Monate dort, führen wissenschaftliche Experimente durch und testen neue Technologien. Da die Anziehungskraft der Erde fehlt, schwebt alles, was nicht befestigt ist, durch die Raumstation. Das nennt man Schwerelosigkeit.

Eine Raumstation beim Mond

Zurzeit planen verschiedene Länder gemeinsam eine Raumstation, die den Mond umkreisen soll. Die Station soll als Zwischenstopp für Astronautinnen und Astronauten dienen, die zum Mond fliegen. Aber nicht nur das: Sie könnten dort auch neue Technologien testen, die für spätere Missionen zu anderen Planeten gebraucht werden.

3, 2, 1, 0!
Raketenstart ins Weltall

Mit Raketen gelangen zum Beispiel Menschen oder Satelliten ins Weltall. Sie haben einen sehr starken Antrieb, der sie hoch in den Weltraum schießt. Erst bei einer Geschwindigkeit von 28.000 km/h können sie in eine Umlaufbahn eintreten. Bis dahin verbrauchen sie sehr viel Treibstoff. Die meisten Raketen bestehen deshalb aus mehreren Stufen. Wenn der Treibstoff in einer Stufe verbraucht ist, wird sie abgetrennt.

Was machen eigentlich Satelliten?

Satelliten umkreisen unsere Erde und liefern uns wichtige Daten. Zum Beispiel darüber, wie das Wetter wird oder wie sich die Höhe des Meeresspiegels verändert. Sie können aber noch mehr. Du bist sicher schon mal in einem Auto mit Navi gefahren. Auch für die Navigation hier auf der Erde sind Satelliten zuständig, nämlich die Satelliten des Globalen Positionierungssystems (GPS). Andere Satelliten übertragen Fernsehprogramme oder Telefongespräche.

Ferien auf dem Mond

Viele Menschen sind so fasziniert vom Weltraum, dass sie unbedingt dorthin möchten, obwohl sie keine Astronautinnen oder Astronauten sind. Deshalb wollen verschiedene Unternehmen Raumstationen nur für Weltraumtouristen bauen.

Wusstest du ...

... **dass bereits zwölf Astronauten auf dem Mond waren?** Der erste von ihnen hieß Neil Armstrong. Als er 1969 seine ersten Schritte auf dem Mond gemacht hat, hat er einen berühmten Satz gesagt: »Das ist ein kleiner Schritt für einen Menschen, aber ein großer Sprung für die Menschheit.« Damit meinte er, dass die Erforschung des Weltraums nun ein ganzes Stück weitergekommen sei.

»Interessant, wirklich interessant«, sagte Justus und rieb sich mit dem Finger über die Nase. »Ein neuer Planet, auf dem es wahrscheinlich Leben gibt und ein Recyclingsystem für wertvolle Weltraummaterialien. Ihre Forschungen sind sicher viel wert, oder?« Tom Webster zog die Stirn in Falten, so als wäre ihm der Diebstahl gerade erst wieder eingefallen. »Ja, schon«, bestätigte er Justus' Vermutung. Justus zog ein Blatt Papier aus einem umgekippten Mülleimer. »Darf ich das hier nehmen? Und dürfte ich mir bei Ihnen einen Bleistift ausleihen?«

Tom Webster lief zum Schreibtisch, wühlte einen Moment zwischen den herumliegenden Papieren und gab Justus einen Stift. »Den kannst du gern behalten.«

»Danke, Mr Webster.« Dann drehte er sich zu Peter und Bob um. »Kommt, wir sehen uns mal draußen um.« Sie verabschiedeten sich, um die Gegend rund um die Sternwarte zu untersuchen. Vielleicht ließ sich dort ein Hinweis finden, wer Tom Webster bestohlen hatte.

Kurz darauf blieb Justus neben einem Gebüsch unterhalb des Fensters der Sternwarte stehen. »Genau, wie ich gesagt habe: Hier hat die Leiter gestanden.« Tatsächlich waren zwei tiefe Abdrücke im Boden zu sehen. »Just, schau mal hier drüben.« Bob winkte seinen Freund zu sich herüber und kniete sich auf den Boden. Direkt neben ihm war ein Schuhabdruck in der staubigen Erde zu sehen. »Ziemlich groß«, fand Peter. »Das ist mindestens Schuhgröße 45. Hat mein Vater auch.« Justus nickte und legte das Blatt Papier daneben, das er gerade in der Sternwarte mitgenommen hatte. »Hier sieht man das Logo der Schuhmarke. Könnte eine Krone sein oder so etwas.« Mit schnellen Bleistiftstrichen malte er den Schuhabdruck auf dem Papier nach. Dann drehte er sich zu Bob und Peter um. »Kollegen, die drei ??? haben einen neuen Fall.«

Gerade als sie sich mit den Rädern auf den Heimweg machen wollten, hielt Peter plötzlich an. »Was ist los, Peter?«, fragte Bob.

»Wartet mal kurz, da klebt irgendwas an meinem Fahrradreifen«, sagte Peter und zupfte einen Papierschnipsel von seinem Reifen. »Das ist ein Stück von einem Flyer. Ziemlich zerfleddert, als wären da schon mehrere Autos drübergefahren. Aber hier im Hintergrund ist das Universum zu sehen, und da steht: P-a--t--ium, was soll das denn heißen?«

»Lass mal sehen, Peter«, sagte Justus und ließ sich den Flyer geben. »P-a--t--ium. Das könnte Planetarium heißen«, vermutete er. »Das würde auch das Bild vom Weltraum erklären.«

Auch Bob hatte mittlerweile sein Rad abgestellt und war zu den beiden herübergelaufen. »Hier steht eine Telefonnummer. Die Vorwahl ist auf jeden Fall von Los Angeles, mein Vater hat in seinem Büro dort die gleiche.«

»Das ist bestimmt nur ein Flyer, den Tom Webster hier verloren hat«, meinte Peter.

»Und wenn nicht?«, fragte Bob. Justus knetete an seiner Unterlippe. »Da hilft nur eines: Wir müssen ihn fragen.«

Kurze Zeit später standen die drei Freunde zum zweiten Mal an diesem Tag an der Tür der Sternwarte. Diesmal war die Eingangstür geschlossen und Justus klopfte an. Sie hörten es drinnen scheppern und Tom Webster leise fluchen. Dann öffnete er die Tür und sah Justus, Peter und Bob überrascht an. »Ihr schon wieder? Habt ihr etwas vergessen?«

»Nein, wir haben nur gerade diesen Flyer draußen vor der Sternwarte gefunden. Gehört er Ihnen?«, fragte Justus und zeigte Tom Webster das zerfledderte Stück Papier.

»Nein, ganz sicher nicht. Das ist ein Flyer des Planetariums in Los Angeles. Ich habe bis vor einem halben Jahr dort gearbeitet. Dann wurde mir leider gekündigt.« Der junge Forscher zuckte die Achseln. »Aber ich hatte Glück, denn ein älterer, sehr netter Kollege hat dafür gesorgt, dass ich weiterforschen kann. Er hat mich auf die leer stehende Sternwarte in Rocky Beach aufmerksam gemacht.«

»Wie heißt denn Ihr Kollege?«, forschte Justus nach.

»Edward Mannings. Wieso willst du das wissen?«

»Ach, nur so«, murmelte Justus.

»Hat dieser Kollege Sie mal besucht und könnte den Flyer mitgebracht haben?«, fragte Bob nun nach.

»Nein, wir telefonieren immer nur. Er war noch nie hier.«

Kurz darauf saßen die drei Detektive schon wieder auf ihren Rädern und fuhren über die steile Küstenstraße zurück nach Rocky Beach. »Fest steht, dass das kein normaler Diebstahl war. Meine Spürnase sagt mir, dass da noch mehr dahintersteckt«, sagte Justus während er in die Pedale trat. »Und was, das werden wir jetzt herausfinden.«

»Aber Just, wo willst du denn genau anfangen zu suchen?«, fragte Bob. »Bisher haben wir keinen einzigen Verdächtigen, nur einen Schuhabdruck und einen kaputten Flyer des Planetariums in Los Angeles.«

»Das ist korrekt. Und genau dort werden wir auch anfangen zu suchen. Bob, könnte dein Vater uns morgen vielleicht mit nach Los Angeles nehmen?«

»Das macht er bestimmt«, antwortete Bob zuversichtlich.

Die drei Freunde verabredeten sich, die Nacht in ihrem Geheimversteck, der Kaffeekanne, zu verbringen. Die Kaffeekanne war eigentlich ein ausgedienter Wassertank für alte Dampflokomotiven. Seine besondere Form hatte ihm den Spitznamen ›Kaffeekanne‹ eingebracht. Justus, Peter und Bob zogen sich gern dorthin zurück, wenn sie einen kniffligen Fall lösen wollten.

»Wir machen es wie immer, ja?«, fragte Justus. »Ich erzähle Tante Mathilda, dass ich bei Bob übernachte.«

»Und ich sage meinen Eltern, dass ich bei Peter bin«, fuhr Bob fort. »Dann erzähle ich, dass ich bei dir übernachte, Justus«, sagte Peter und grinste breit. Auf diese Weise hatte jeder der drei Freunde ein Alibi. Dieses System hatte bisher immer bestens funktioniert. Ihre Eltern waren beruhigt und die drei Freunde konnten ungestört in ihrem Geheimversteck übernachten.

Am Abend machten es sich Justus, Peter und Bob vor der Kaffeekanne gemütlich. Sie saßen auf ihren Schlafsäcken und knabberten an ein paar Keksen. Einen kleinen Vorrat an Süßigkeiten bewahrten sie immer in ihrem Geheimversteck auf. »Mein Vater holt uns morgen früh um neun bei dir ab, Peter. Er denkt ja, dass ich bei dir übernachte«, sagte Bob.

»Kein Problem. Meine Eltern sind dann schon beide bei der Arbeit. Das fällt nicht auf.«

Mittlerweile war die Sonne untergegangen und am Himmel waren unzählige Sterne zu sehen. Bob lehnte sich zurück. »Meint ihr, dass es dort oben wirklich Leben gibt? Auf dem Planeten, den Tom Webster gefunden hat?«

»Warum nicht? Hier auf der Erde gibt es das ja auch. Warum sollte es im Universum nicht noch andere Planeten wie unseren geben?«, antwortete Justus.

»Vielleicht schaut gerade ein Außerirdischer zu uns herunter?« Bob legte sich nun ganz auf seinen Schlafsack und verschränkte die Arme hinter seinem Kopf.

»Ein kleines grünes Männchen mit Antennen auf dem Kopf?« Peter kicherte bei der Vorstellung.

»Niemand weiß bisher, wie Lebewesen von anderen Planeten aussehen könnten«, sagte Justus. »Aber es wäre doch spannend, das herauszufinden.«

»Als Weltraumdetektive, meinst du?«, fragte Bob.

»Warum nicht?«, Justus blickte versonnen in den Nachthimmel.

»Aber nur, wenn es im Weltraum auch Kirschkuchen gibt, oder, Just?« Bob lachte und schob sich ein Gummibärchen in den Mund. »Das da über uns ist übrigens Kassiopeia.« Peter zeigte mit der Hand nach oben. »Sieht aus wie ein großes W.«

»Ach echt? Und woher weißt du das?«, wollte Bob wissen.

»Beim letzten Zeltausflug hat mir mein Vater ein paar Sternbilder gezeigt.«

»Und das da ist der große Wagen.« Justus zeigte nach oben. »Er sieht ein bisschen aus wie ein Topf mit Stiel.«

»Denkst du schon wieder ans Essen, Just?«, scherzte Bob. Doch dieser kam um eine Antwort herum, denn in diesem Moment rief Peter: »Wow! Habt ihr das gesehen?« Sein Arm zeichnete eine Linie in den Nachthimmel.

»Das war eine Sternschnuppe, Peter«, sagte Justus nüchtern.

»Das weiß ich auch«, entgegnete Peter in beleidigtem Ton. »Aber du musst doch zugeben, dass das echt toll aussah.«

»Ich störe euch wirklich nur ungern beim Streiten, aber weiß einer von euch, was eine Sternschuppe eigentlich ist? Ist das ein Stück von einem Stern?«, fragte Bob. Einen Augenblick herrschte Stille. Keiner der beiden wusste auf diese Frage eine Antwort.

»Wartet mal kurz. Ich habe etwas mitgebracht für unsere Nachforschungen«. Justus holte eine Taschenlampe und ein dickes Buch mit der Aufschrift »Der Weltraum« aus seinem Rucksack. Er blätterte eine Weile darin herum und fing an zu lesen ...

Welche Arten Sterne gibt es?

Es gibt viele verschiedene Arten Sterne: Manche sind extrem groß und heiß wie die Blauen Riesen. Andere strahlen gelb wie unsere Sonne. Oder sie sind klein und leuchten nur ganz leicht wie die Roten Zwerge. Sie kommen im Weltraum sehr häufig vor.

Was sind Sternschnuppen?

Sternschnuppen sind sehr kleine Gesteinsbrocken, die aus dem Weltraum auf die Erde zufliegen. Sie sind häufig nicht größer als ein Sandkorn. Beim Eintreten in die Erdatmosphäre verglühen sie. Dabei hinterlassen sie die typische Leuchtspur, die wir als Sternschnuppe am Himmel sehen. Wissenschaftler nennen diese winzigen Gesteinsbrocken Meteore. Auch wenn der Name Sternschnuppen sich so anhört, sind sie keine Sterne oder Teile von Sternen, die vom Himmel fallen.

Wusstest du …

… dass man zwischen Ende Juli und Ende August besonders viele Sternschnuppen am Himmel sehen kann? Das liegt daran, dass die Erde jedes Jahr um diese Zeit durch einen Meteorstrom fliegt, den ein Komet im All hinterlassen hat. Dieser Sternschnuppenstrom wird **Perseiden** genannt.

Was genau sind Sterne und wie entstehen sie?

Wie unsere Sonne sind alle Sterne heiße Kugeln aus Gas, genauer gesagt aus Wasserstoff. Sie bilden sich aus Wolken, die aus Gas und Staub bestehen und durch das Universum treiben. Da sich die Gas- und Staubteilchen gegenseitig anziehen, werden die Wolken immer dichter und heißer. So lang bis die Teilchen miteinander verschmelzen. Dann ist ein Stern entstanden und fängt an zu leuchten.

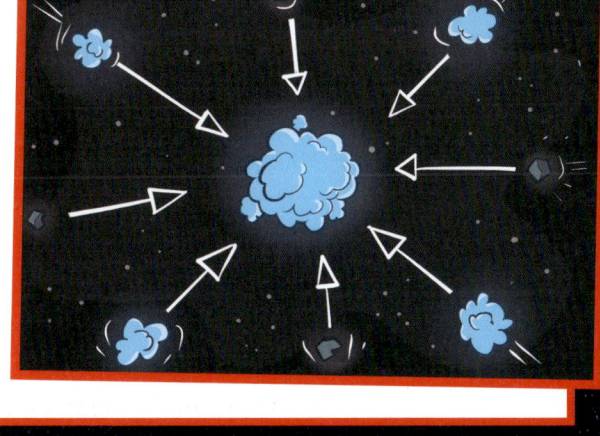

Pünktlich um neun Uhr hielt der Wagen von Bobs Vater vor dem Haus der Familie Shaw. Justus, Peter und Bob warteten schon am Straßenrand. »Guten Morgen, Jungs. Ihr seht ja noch reichlich verschlafen aus«, rief Mr Andrews den dreien gut gelaunt durch das offene Autofenster zu. »Hallo Dad«, murmelte Bob und gähnte ausgiebig.

»Guten Morgen, Mr Andrews, danke, dass Sie uns mitnehmen«, sagte Justus. Und auch Peter nuschelte ein »Guten Morgen«.

»Kein Problem, ich muss heute sowieso ins Büro fahren. Na, dann steigt mal ein.«

Peter und Justus setzten sich auf die Rückbank, Bob stieg vorn bei seinem Vater ein.

»Ich wusste gar nicht, dass ihr drei euch so für den Weltraum interessiert. Bei diesem Wetter hätte ich gedacht, ihr interessiert euch mehr für den Strand.« Mr Andrews lächelte Bob an und zwinkerte dann Justus und Peter auf der Rückbank zu.

Peter warf Justus einen wehmütigen Blick zu. Ein Tag am Strand wäre ganz nach seinem Geschmack gewesen. Aber Justus schüttelte den Kopf. »Heute wird es sowieso zu heiß für den Strand. Und wir können ja den Rest der Ferien noch ans Meer gehen.« Mr Andrews warf ihm einen belustigten Blick durch den Rückspiegel zu.

»Warum auch immer«, sagte er, »ich freue mich, dass ihr dieses Thema für euch entdeckt habt. Ich war gerade vor ein paar Wochen im Planetarium, um ein Interview mit dem Direktor zu führen. Wusstet ihr, dass es sich beim Los Angeles Observatorium nicht nur um ein Planetarium handelt, sondern auch um eine große Sternwarte? Neben den Vorführungen im Planetarium gibt es auch Ausstellungen zum Weltraum und ein Forschungsinstitut.«

»Und da forschen Wissenschaftlerinnen und Wissenschaftler, was es Neues gibt im Weltraum?«, fragte Bob seinen Vater.

»Ja, im Grunde schon. Ganz grob gesagt, geht es in der Astronomie – so heißt die Wissenschaft der Sternenkunde – darum, den Weltraum zu beobachten und Daten darüber zu sammeln. Zum Beispiel untersuchen sie, wo sich ein Stern oder ein anderer Himmelskörper im Weltall befindet und welche Eigenschaften er hat. Mit diesen Daten wird dann seine Umlaufbahn berechnet. So können die Astronominnen und Astronomen vorhersagen, wann zum Beispiel der nächste Komet am Himmel zu sehen sein wird.«

»Ja, das wusste ich bereits«, sagte Justus etwas ungeduldig. »Aber was wäre denn, wenn jemand einen ganz neuen Planeten entdecken würde, auf dem es vielleicht sogar Leben gibt?«

»Das wäre vermutlich für jeden Astronomen wie Weihnachten, Ostern und Geburtstag zusammen«, sagte Mr Andrews und lächelte. »Gebt mir Bescheid, wenn ihr drei so einen Planeten findet. Das wäre etwas für die Titelseite!«

»Hat der Direktor Ihnen auch erzählt, an welchen Themen sie im Moment forschen?«, bohrte Justus neugierig weiter.

»Nein, ehrlich gesagt war das etwas merkwürdig. Immer wenn ich auf die aktuellen Forschungen zu sprechen gekommen bin, hat er plötzlich ganz geheimnisvoll getan. Darüber könne er im Moment nicht sprechen. In Kürze gebe es aber für die Presse etwas zu berichten. Na, ich bin gespannt.«

Bob drehte sich zu den beiden anderen um und zog die Augenbrauen hoch. Justus und Peter erwiderten seinen Blick.

»Worum ging es denn eigentlich in Ihrem Artikel, Mr Andrews?«, fragte Peter.

»Ach, es ging darum, wie sich die Sternenforschung entwickelt hat und welche neuen Möglichkeiten es heute gibt. Sehr spannend, muss ich sagen. Interessiert es euch?«

»Auf jeden Fall«, sagte Justus.

»Klar«, riefen Peter und Bob gemeinsam. Mr Andrews lächelte und begann zu erzählen ...

Sternforschung – früher und heute

Schon vor Jahrtausenden haben sich die Menschen Gedanken darüber gemacht, was sie am Nachthimmel sehen konnten. Dabei hatten sie ganz unterschiedliche Ideen, wie die Erde entstanden sein könnte und was es mit den Sternen am Himmel auf sich habe. Einige glaubten, dass die Erde eine Scheibe sei und die Sterne darüber an einer Himmelskuppel befestigt seien. Andere vermuteten, dass die Sonne und die Planeten um die Erde kreisen.

Erste Sternforscher

Nikolaus Kopernikus (1473–1543)

Der Domherr Kopernikus beobachtete in seiner Freizeit den Himmel. Dabei stellte er fest, dass nicht die Erde der Mittelpunkt ist, um den sich alles dreht, sondern die Sonne. Lange traute er sich nicht, seine Entdeckungen zu veröffentlichen. Denn die Menschen damals waren fest davon überzeugt, dass die Erde das Zentrum des Universums sei.

Galileo Galilei (1564–1642)
Als vor vierhundert Jahren
das Fernrohr erfunden wurde,
baute der italienische Mathe-
matiker Galileo Galilei es sofort
nach. Er erforschte damit den
Himmel und entdeckte als Erster vier Monde des Jupiters.

Friedrich Wilhelm Herschel
(1738–1822)
Herschel war eigentlich Mu-
siker, interessierte sich aber
auch für den Weltraum. Um die
Sterne zu beobachten, baute
er selbst Fernrohre. Damit entdeckte er den Planeten Uranus
sowie verschiedene Sterne,
Monde, Nebel und Galaxien.

Teleskope

Heute benutzen Astrominnen und Astronomen Teleskope, um den
Weltraum zu beobachten. In einer Sternwarte gibt es zum Beispiel
große Spiegelteleskope. Mit ihnen kann man weit entfernte Sterne
und Galaxien sehen. Moderne Teleskope besitzen meist eine Kamera,
die das eingefangene Bild aufnimmt. Gerade wird das größte Spie-
gelteleskop der Welt gebaut:
Das **E**xtremely **L**arge **T**ele-
scope, kurz ELT. Das bedeutet
auf Deutsch: extrem großes
Teleskop. Der Hauptspiegel
allein wird einen Durchmes-
ser von 39 Metern haben.

Ich sehe was,
was du nicht siehst!

Mit Teleskopen, die wie Satelliten um die Erde fliegen, kann man tief in das Universum blicken. Das bekannteste Weltraumteleskop heißt Hubble. Es hat seit 1990 hunderttausende Bilder vom Weltraum auf die Erde

gesendet. Dabei hat es mehr Informationen über das All geliefert als alle anderen Teleskope vor ihm. Benannt wurde es nach dem amerikanischen Astronomen Edwin Hubble.

Das neue Weltraumteleskop James Webb

2021 ist ein neues Teleskop ins All gestartet: James Webb ist das größte und leistungsstärkste Weltraumteleskop, das es je gegeben hat. Es ist ungefähr so groß wie ein dreistöckiges Haus. Seine Aufgaben sind das Aufspüren und Beobachten sehr alter, weit entfernter Sterne, die

schon lang aufgehört haben zu leuchten. Ihr Licht ist aber immer noch unterwegs im All. Bilder dieser Sterne könnten uns Hinweise darauf geben, wie unser Universum entstanden ist. Sein Namensgeber ist der ehemalige Chef der US-amerikanischen Weltraumagentur NASA, James Webb.

»Danke, Mr Andrews. Das war wirklich sehr aufschlussreich«, sagte Justus und machte ein nachdenkliches Gesicht.

»Mr Andrews, wie wird man eigentlich Astronom?«, wollte Peter wissen.

»Dazu braucht man ein Studium«, sagte Mr Andrews, der gerade versuchte, den Wagen in eine kleine Parklücke zu manövrieren. Ein bisschen abgelenkt fügte er hinzu: »Hauptsächlich geht es da um Mathe und Physik.«

Bob drehte sich um und grinste Peter breit an. »Peter, dann wird das wohl nichts.«

»Falls du es noch nicht gemerkt hast, Bob, ich habe einfach andere Qualitäten. Wir können gern eine Runde ums Planetarium joggen und schauen, wer schneller ist!«, entgegnete Peter und sah Bob herausfordernd an.

»Aber nicht jetzt. Wir haben heute noch etwas vor!« Justus war schon ausgestiegen und hielt Peter die Tür auf.

Die drei ??? verabredeten sich mit Bobs Vater für den Nachmittag am Eingang des Planetariums, wo er sie später abholen und wieder mit nach Rocky Beach nehmen wollte.

Als Mr Andrews losgefahren war, wandte sich Bob an Justus. »Just, ganz ehrlich, was bitte war daran denn so aufschlussreich? Wir wissen jetzt, dass manche Leute früher geglaubt haben, die Erde sei eine Scheibe. Aber das hat uns in unserem Fall kein Stück weitergebracht.«

»Es sind alles Puzzleteile, Bob. Am Anfang weiß man nicht, welches Puzzleteil wohin gehört, aber irgendwann fügt sich alles zusammen. Ich bin sicher, dass uns alles, was wir bisher in

Erfahrung gebracht haben, weiterhilft, um den Fall zu lösen. Irgendwann treffen wir auf das entscheidende Puzzleteilchen.«

»Na, da bin ich ja mal gespannt«, murrte Peter. »Bisher haben wir nur einen Haufen Teile, die alle kein bisschen zusammenpassen.«

»Wartet doch mal ab. Mein Gefühl sagt mir, dass wir hier im Planetarium etwas Entscheidendes finden könnten.«

Kurz darauf standen Justus, Peter und Bob in der großen Eingangshalle des Planetariums. »Da drüben ist die Kasse, da gibt's die Tickets.« Bob zeigte auf eine Absperrung, hinter der sich eine kleine Schlange gebildet hatte. Als nur noch eine Familie vor ihnen war, kam eine junge Frau und nahm den Kas-

sierer zur Seite. Sie trug ein dunkelblaues Kostüm und hochgesteckte braune Haare. Bob verzog genervt das Gesicht: »Ausgerechnet jetzt. Können die sich nicht wann anders unterhalten?«

»Pssst«, Justus legte seinen Zeigefinger auf den Mund.

»Heute Nachmittag um drei Uhr erwarten wir ein Kamerateam vom Sender TV3 News. Bitte geben Sie mir sofort Bescheid, wenn das Team eintrifft. Ich möchte es persönlich in Saal 2 führen«, hörten sie die junge Frau zu dem Mann an der Kasse sagen. Dann drehte sie sich um und lief mit schnellen Schritten durch die Eingangshalle. Ihre Schuhe klackerten dabei auf dem Steinboden.

Jetzt waren Justus, Peter und Bob endlich an der Reihe. Sie kauften ihre Tickets und bekamen dazu einen Plan des Observatoriums.

Kaum waren sie durch die Absperrung gelaufen, sagte Justus: »Ich weiß auch schon, wo wir anfangen.«

»Lass mich raten.« Peter legte gespielt nachdenklich einen Finger an die Nase. »Saal 2?« Er grinste Justus an.

»Richtig! Lasst uns doch mal sehen, was es da so Wichtiges gibt, dass gleich ein Kamerateam anrückt.«

Die drei Freunde machten sich auf den Weg. »Saal 2, ah, hier ist er ja«, Bob fuhr mit dem Finger über den Plan mit den Ausstellungsräumen. »Wir müssen aber erst mal durch Saal 1. Hier steht, da geht es um Meteoroiden, Asteroiden und Kometen.« Saal 1 war einer der größten Räume des Observatoriums und die drei Freunde hatten ihn schnell gefunden.

»Was sind denn Me-te-o-ro-i-den?« Peter dehnte jede Silbe des Wortes wie Kaugummi. »Ich dachte die Dinger heißen Meteoriten«, murmelte er, als sie durch den Eingang des Raumes traten.

»Keine Ahnung, was der Unterschied ist«, sagte Bob, »aber das steht hier sicher irgendwo.« Bobs Blick wanderte über die ausgestellten Gesteinsbrocken und die dazugehörigen Schilder. »Wow, schaut mal, hier gibt es sogar Gesteinsbrocken vom Mars und vom Mond.« Er lief los und die anderen beiden folgten ihm. »Hört mal zu, hier auf dem Schild steht was über Meteoroiden und so.« Bob blieb stehen und las laut vor ...

Ob riesig groß oder winzig klein:
Im Weltraum sind nicht nur Planeten
unterwegs, sondern auch unzählige
Gesteins- und Eisbrocken.

Meteoroiden – Steinbrocken mit vielen Namen

Meteoroiden gehören zu den Gesteinsbrocken, die um die Sonne kreisen. Sie können so groß wie ein Kühlschrank oder klein wie ein Sandkorn sein. Wenn ein Meteoroid in die Atmosphäre der Erde gelangt, fängt er an zu glühen. Man nennt ihn dann Meteor oder auch Sternschnuppe. Wenn ein Meteor nicht komplett verglüht, sondern ein Teil von ihm auf die Erde fällt, wird er als Meteorit bezeichnet.

Asteroiden

Sie sind die großen Geschwister der Meteoroiden. Asteroiden sind felsige Brocken aus Stein und Metall, die sich ebenfalls mit den Planeten um die Sonne drehen. Allerdings sind sie deutlich größer und schwerer als Meteoroiden. Viele der Asteroiden kreisen zwischen den Planeten Mars und Jupiter – im sogenannten Asteroidengürtel. Anders als die Planeten haben die Asteroiden keine runde Form.

Kometen

Ein Komet ist ein Himmelskörper aus Gas, Gestein und Staub. Er rast mit großer Geschwindigkeit durch den Weltraum. Wenn ein Komet zu nah an die Sonne kommt, verdampft seine äußere Schicht. Den Dampf kann man als Schweif aus Gas und Staub sehen. Dieser Schweif kann sich über Millionen von Kilometern erstrecken.

Der Komet Hale Bopp

Das Ende der Dinosaurier

Viele Forscherinnen und Forscher glauben, dass vor 65 Millionen Jahren ein riesiger Asteroid auf der Erde eingeschlagen ist. Dadurch wurde so viel Staub aufgewirbelt, dass kein Sonnenlicht mehr auf die Erde kam. Es wurde dunkel und sehr kalt und es wuchsen keine Pflanzen mehr. Das könnte der Grund sein, warum die Dinosaurier damals ausgestorben sind.

Wusstest du ...

... **dass der Halleysche Komet alle 76 Jahre von der Erde aus zu sehen ist?** Das nächste Mal ist das im Jahr 2061.

»Erst 2061 kann man den Halleyschen Kometen das nächste Mal sehen? Bis dahin bin ich ja Opa«, brummte Peter.

»Na ja, noch nicht ganz«, entgegnete Justus und grinste. Die drei ??? durchquerten den Raum und steuerten auf Saal 2 zu. Es war nicht zu übersehen, dass es hier um das Thema Raumfahrt ging. An einer Seite des Ausstellungsraumes schwebte eine Raumkapsel über dem Boden. Raumanzüge waren in Glaskästen ausgestellt und es gab viele Fotos von Raketen und Raumschiffen. Die drei Freunde sahen sich um, konnten aber auf den ersten Blick nichts Besonderes entdecken. »Keine Ahnung, was das Kamerateam hier will, sieht doch alles nach ganz normaler Ausstellung aus«, murmelte Peter. Nach einer Weile fragte Bob: »Sag mal, Just, was ist eigentlich, wenn Webster sich das Ganze nur ausgedacht hat?«

»Ja«, stimmte Peter mit ein. »Vielleicht hat er gar keinen neuen Planeten gefunden und tut nur so, als wäre er beklaut worden, weil er Geldsorgen hat?«

Justus schüttelte den Kopf. »Nein, mein Gefühl sagt mir etwas anderes. Und habt ihr euch außerdem mal Websters Füße angesehen? Die waren viel zu klein für die Abdrücke neben der Leiter. Das kann er nicht selbst gewesen sein.«

»Er könnte ja einen Komplizen haben«, überlegte Peter. »Jemanden, der so getan hat, als würde er bei ihm einsteigen.«

»Ja, stimmt schon«, räumte Justus ein, »aber ich glaube einfach nicht, dass Webster uns angelogen hat. Er wirkte doch sehr glaubhaft verzweifelt. Lasst uns mal lieber weitersuchen. Wenn wir hier nichts finden, können wir uns immer noch vor der Sternwarte auf die Lauer legen und Webster unter die Lupe nehmen.« Peter hatte sich weiter im Raum umgesehen. Vor einem dunklen Vorhang blieb er stehen und schob ihn ein Stück zur Seite. »Hey, Leute, schaut mal hier!« Mit leuchtenden Augen sah sich Peter nach Justus und Bob um. Die beiden traten neben ihn. Hinter dem Vorhang lag ein abgedunkelter Raum, in dem auf einer großen Leinwand ein Film lief. Auf einer staubigen Oberfläche fuhren Astronauten in einem seltsamen Fahrzeug. Genau mit dem Fahrzeug, das auch in der Mitte des kleinen Raums ausgestellt war.

»Was ist das denn für ein Ding?«, murmelte Bob.

»Ein Moon-Rover«, las Justus von einem Schild ab. »Hier steht, dass die Astronauten bei der Raummission Apollo 17 damit über die Mondoberfläche gefahren sind.«

»Echt? Wie cool!« Peter grinste breit und sprang mit einem Satz in das Fahrzeug. Gerade als er sich auf einen der Sitze fallen ließ, ertönte ein schriller Alarm.

»Peter, komm sofort da runter«, rief Justus. Doch Peter blieb vor Schreck wie versteinert sitzen. »Da steht: Nicht anfassen!«, knurrte Justus.

»Nun mach schon, Peter!« Bob war blass geworden. Aus dem Saal waren aufgeregte Stimmen und eilige Fußschritte zu hören. Jetzt endlich kam Bewegung in Peter. Er sprang vom Rover herunter und landete neben Justus und Bob.

»Schnell, raus hier.« Justus schob eilig den Vorhang zur Seite. Vor ihnen standen mehrere Schaukästen mit Astronauten-anzügen. Schnell versteckten sie sich hinter einem der Kästen. In diesem Moment liefen zwei Wachleute an ihnen vorbei und stürmten in den Raum. »Hallo, Barney, hörst du mich?«, erklang die Stimme von einem der Männer. »Hier ist nichts. Das war ein Fehlalarm, stellt den Alarm wieder aus.« Kurz darauf öffnete sich der Vorhang und die beiden Wachleute kamen heraus. »Das war sicher nur eine Fliege, die auf dem Rover gelandet ist. Wie vor ein paar Wochen schon mal. Ist ein bisschen zu sensibel eingestellt dieser Alarm, wenn du mich fragst.« Sein Kollege verdrehte grinsend die Augen, und gemeinsam verließen sie den Saal.

»Puh, das war ganz schön knapp, Peter!« Bob fuhr sich mit der Hand über die Stirn.

»Vielleicht kommt das Kamerateam wegen des Rovers hierher?«, fragte Peter etwas kleinlaut.

»Glaube ich nicht«, meinte Justus. »Der kleine Ausstellungsraum wirkt nicht neu. Ich glaube, der Moon-Rover ist schon eine ganze Weile hier.«

»Lasst uns lieber mal weitersuchen«, bemerkte Bob.

Er lief zu einer Wand hinüber, auf der mit großen Buchstaben das Wort »Raummissionen« stand. Er betrachtete verschiedene Fotos und blieb schließlich vor einem davon stehen. »Mannings, Mannings, das war doch ...« Dann winkte er Justus und Peter zu sich herüber. »Schaut mal das Foto hier. Das sind Astronauten, die vor zwanzig Jahren zu einer Mission aufgebrochen sind. Und dieser hier«, er deutete auf einen

Mann im Raumanzug mit kurzen dunklen Haaren, der besonders strahlend in die Kamera lächelte, »ist Edward Mannings.«

»Hieß so nicht der frühere Kollege von Webster?«, fragte Peter.

»Genau!«, bestätigte Justus. »Aber es klang doch so, als würde er hier im Observatorium arbeiten und nicht als Astronaut.« Sie suchten die anderen Fotos nach weiteren Hinweisen auf Edward Mannings ab. »Offenbar ist er nur bei dieser einen Mission dabei gewesen. Ich kann ihn auf keinem der anderen Fotos entdecken«, sagte Bob nach einer Weile. »Dabei hätte er zahlreiche Gelegenheiten gehabt«, meinte Justus und fing an, eines der Schilder unter den Fotos vorzulesen. »Es gab allein in den letzten zwanzig Jahren mehr als 40 bemannte Missionen der NASA.« Er sah zu Peter und Bob und fügte hinzu: »Die Abkürzung steht für **N**ational **A**eronautics and **S**pace **A**dministration. Das ist die US-amerikanische Weltraumbehörde.«

»Das wusste ich auch«, murmelte Peter, und Bob grinste.

»Na, umso besser«, sagte der Erste Detektiv, »dann teilen wir uns jetzt auf. Vielleicht finden wir doch noch etwas Brauchbares. Peter kannst du dir die Infos zu den Raummissionen durchlesen? Ich übernehme die Raumschiffe und du, Bob, nimmst dir die NASA und die anderen Weltraumbehörden vor.«

»Aye, aye, Captain«, sagten Bob und Peter gleichzeitig und mussten lachen. Justus gab einfach gern den Ton an, das kannten sie schon.

Mission Weltraum

Welche Raummissionen gab es bisher?

Zu den bekanntesten Raummissionen zählt Sputnik 1. Das war der erste Satellit, der von der Sowjetunion 1957 ins All geschickt wurde. Vier Jahre später flog der Russe Juri Gagarin als erster Mensch ins All. 1969 verfolgten Millionen Menschen vor dem Fernseher, wie der Amerikaner Neil Armstrong den Mond betrat. Es folgten fünf weitere Mondlandungen bis zum Jahre 1972. Seitdem hat es viele weitere Raummissionen gegeben, zum Beispiel zur Raumstation ISS. Aber niemand ist mehr auf dem Mond oder einem anderen Planeten gewesen. Doch das soll sich jetzt ändern.

Mondlandung im Jahr 1969

Auf zum Mars!

Die NASA arbeitet zurzeit daran, wieder Astronautinnen und Astronauten auf den Mond zu schicken. Allerdings soll der Mond diesmal als Zwischenetappe auf dem Weg zu neuen Zielen dienen – zum Beispiel zum Planeten Mars.

Was sind Raumschiffe?

Ein Raumschiff ist ein Fahrzeug, mit dem man durch das Weltall fahren kann. Daher kommt auch der Begriff »Raumfahrt«. Das Raumschiff wird von einer Rakete ins Weltall geschossen. Seit den 1970er-Jahren gibt es Raumschiffe, die man mehrmals einsetzen kann. In den USA wurde damals das Spaceshuttle entwickelt, in der Sowjetunion das Sojus-Raumschiff. Anders als die Spaceshuttle sind die Sojus-Raumschiffe heute noch im Einsatz. Sie bringen zum Beispiel Menschen und Lebensmittel zur Raumstation ISS. In den USA hat das Unternehmen SpaceX die Flüge zur ISS übernommen.

Was machen eigentlich NASA, ESA & Co.?

Viele Länder haben eigene Raumfahrtorganisationen. Besonders bekannt sind die NASA aus den USA und die ESA (**E**uropean **S**pace **A**gency) aus Europa. Ihr Ziel ist es, den Weltraum weiter zu erforschen. Dazu nutzen sie Sonden, Raketen und Raumschiffe. Wissenschaftler dieser Organisationen untersuchen zum Beispiel, ob es für uns möglich wäre, auf anderen Planeten zu leben. Außerdem erforschen sie auch die Erde vom Weltraum aus.

Justus sah sich nach Peter und Bob um. Die beiden steuerten gerade auf ihn zu und schüttelten die Köpfe. »Nichts«, sagte Peter und Justus nickte. Auch er hatte nichts gefunden, was sie weitergebracht hätte. Einen Moment lang kaute Justus konzentriert auf seiner Unterlippe herum und sagte dann: »Mir ist gerade ein Gedanke gekommen. Mannings ist doch ein ehemaliger Kollege von Webster. Vielleicht kann er uns sagen, wer ein Interesse an Websters Forschungsergebnissen haben könnte.«

»Meinst du, er weiß, dass Webster einen Planeten gefunden hat?«, fragte Bob.

Peter schüttelte den Kopf. »Webster sagte doch, er habe niemandem davon erzählt.«

»Andererseits hat er immer wieder mit Mannings telefoniert.« Justus schaute Peter und Bob nachdenklich an. »Ich glaube kaum, dass sich die zwei Forscher da nur übers Wetter unterhalten haben.«

»Ja, vielleicht hast du recht, Just«, stimmte Bob ihm zu.

»Im Moment ist Mannings unser einziger Anhaltspunkt. Wenn wir mit unserem Fall weiterkommen wollen, müssen wir mit ihm sprechen.«

»Und wie stellst du dir das vor? Wir wissen doch noch nicht mal, wo sein Büro ist«, sagte Bob.

»Das stimmt, aber vorn in der Eingangshalle ist ein Infoschalter. Da können sie uns bestimmt sagen, wie wir ihn erreichen können.«

Die freundliche rothaarige Frau am Infostand konnte ihnen

tatsächlich Auskunft geben. »Edward Mannings? Ja, der arbeitet heute.«

»Können Sie uns sagen, wo sein Büro liegt?«, fragte Justus.

Jetzt schüttelte die Frau belustigt den Kopf. »Ja und nein. Ich könnte euch zwar sagen, wo sein Büro ist, aber das würde euch wenig helfen. Denn es liegt im Forschungsinstitut. Das ist ein geschlossener Bereich, da dürfen Besucher nicht rein. Tut mir leid.«

Sie lächelte die drei Freunde an und wendete sich einer Frau mit zwei Kindern zu, die beide in Astronautenkostümen steckten. Mit enttäuschten Mienen drehten sich Justus, Peter und Bob zum Weitergehen um. Doch dann rief die Frau sie zurück: »Mir ist gerade etwas eingefallen. Mr Mannings macht heute bei einer Planetariumsshow mit. Als ehemaliger Astronaut beantwortet er Fragen von Besuchern. Moment mal.« Sie tippte auf ihrer Tastatur und überflog mit den Augen den Bildschirm. »Ja, um 12 Uhr startet im Planetarium eine Show über Galaxien – mit einem echten Astronauten. Das ist Mr Mannings. Ihr müsst euch allerdings beeilen, die Vorstellung fängt gleich an.«

Die drei ??? bedankten sich und rannten los. Sie erreichten den Eingang des Planetariums gerade in dem Moment, als der Vorführer die Tür schloss. Justus klopfte entschlossen an, und die Tür öffnete sich einen Spaltbreit. »Tut mir leid, Jungs, ihr seid zu spät. Die nächste Show findet um 15 Uhr statt«, nuschelte der Vorführer durch den Spalt.

»Ja, Sir, wir möchten aber unbedingt in diese Show. Wür-

den Sie uns bitte noch reinlassen?«, bat Justus. In diesem Moment tauchte hinter ihnen ein grauhaariger Mann mit akkurat gestutztem Bart auf. Er trug Jeans und ein gelbes Hemd. »Gibt es ein Problem, Adam?«, fragte er den jungen Vorführer.

»Nein, Mr Mannings, kommen Sie doch bitte rein.« Er zog die Tür nun weit auf, um Edward Mannings durchzulassen. Justus reagierte sofort. Mit einem Schritt war er neben dem ehemaligen Astronauten. »Mr Mannings, hätten Sie zwei Minuten Zeit für uns? Wir würden Sie gern etwas fragen.«

Doch Mannings schüttelte den Kopf. »Leider keine Zeit, Jungs.«

»Aber es geht um Tom Webster. Den kennen Sie doch, oder?« Mannings Kopf fuhr herum und für zwei Sekunden starrte er Justus an. Dann knurrte er: »Ich habe doch schon gesagt, dass ich keine Zeit habe.« Mit diesen Worten lief er an den dreien vorbei. Justus sah Peter und Bob überrascht an. Dann deutete er mit dem Kopf in Richtung Tür. Die anderen beiden begriffen sofort und schoben sich unauffällig hinter Mannings in das Planetarium.

Im Inneren des runden Raumes mit der großen Kuppel war es dunkel. Nur an den Sitzreihen, die im Kreis angeordnet waren, brannten kleine Lichter. Das Planetarium war bis auf den letzten Platz besetzt. Als sie sich gerade hinter die letzte Reihe stellen wollten, bemerkte der Vorführer die drei Jungen. Mit einem Seufzer kam er zu ihnen herüber. »Ihr seid ja wirklich hartnäckig. Na gut, ich lasse euch ausnahmsweise zuschauen. Setzt euch hier in den Gang auf den Boden und verhaltet euch ruhig.« Die drei nickten und setzten sich. »Habt ihr gesehen, dass dieser Mannings kalkweiß geworden ist, als du Tom Webster erwähnt hast?«, fragte Bob.

»Echt seltsam, der Typ«, flüsterte Peter zurück.

»Ja, da stimmt etwas nicht«, fand auch Justus. »Wir müssen versuchen, ihn nach der Show abzufangen.«

Dann ging ein Scheinwerfer in der Mitte des Raumes an. Der Vorführer trat in das Licht und sagte: »Herzlich willkommen in unserem Planetarium. Ich darf Sie heute auf eine Reise durch die unendlichen Weiten des Weltraums mitnehmen. Aber vorher möchte ich Ihnen noch unseren Ehrengast vorstellen, den früheren Astronauten Edward Mannings.« Nun erschien auch Mannings im Scheinwerferlicht. Er lächelte in die Runde und sagte: »Herzlich willkommen auch von mir. Ich bin heute da, um Ihnen zu erzählen, wie man Astronaut wird. Im Anschluss daran beantworte ich natürlich gern Ihre Fragen.« Die Zuschauer applaudierten und Edward Mannings legte los: »Wie Sie sicher alle wissen, ist es nicht ganz einfach, Astronaut oder Astronautin zu werden, da man dazu ein Studium der Astrophysik oder einer vergleichbaren Wissenschaft braucht. Am besten mit Doktortitel, so wie ich. Außerdem muss man körperlich sehr fit sein.« Er sah sich im Publikum um, als erwarte er einen Applaus. Vereinzelte Zuschauer taten ihm den Gefallen. Dann fuhr er fort ...

Wie wird man Astronautin oder Astronaut?

Mit einer echten Rakete ins Weltall zu fliegen ist der Traum vieler Menschen. Wenn man einen Beruf im Bereich Luft- und Raumfahrttechnik, Physik, Mathematik oder Medizin gelernt hat, kann man sich für die Astronautenschule bewerben. Bevor es losgeht, muss man aber noch verschiedene Tests bestehen. Etwa in Mathematik, Physik und Englisch. Englisch ist deshalb so wichtig, weil in der Raumfahrt Menschen aus vielen Ländern zusammenarbeiten. Sie alle verständigen sich auf Englisch.

Wusstest du ...

... warum Astronautinnen und Astronauten unter Wasser trainieren?
Unter Wasser können sie sich gut auf die Schwerelosigkeit vorbereiten, denn hier schweben sie wie im Weltall.

Welches Training brauchen Astronauten?

Astronautinnen und Astronauten müssen viel und hart trainieren, bevor sie ihren ersten Flug ins All antreten können. Neben Raumfahrttechnik stehen auch Sport und das Fliegen von Manövern im Simulator auf dem Stundenplan. Außerdem gehören zum Training auch Flugübungen mit kleinen Flugzeugen. Dabei sollen die Astronauten lernen, schnell zu reagieren und in jeder Situation ruhig zu bleiben.

Parabelflüge

Bei einem Parabelflug fliegen die Astronautinnen und Astronauten in einem ganz normalen Passagierflugzeug, so wie du es vielleicht von einer Urlaubsreise kennst. Nur dass bei diesen Flugzeugen ein Teil der Sitze entfernt wurde. Ein weiterer Unterschied ist, dass der Pilot

hier das Flugzeug ganz steil nach oben fliegen lässt. Dabei werden alle an Bord fest in ihre Sitze gedrückt. Dann fliegt der Pilot steil nach unten. Das Flugzeug ist jetzt im freien Fall und an Bord herrscht Schwerelosigkeit wie im Weltall. Hier lernen die Astronauten, sich in der Schwerelosigkeit zu bewegen, und machen erste Experimente. Dann bremst der Pilot das Flugzeug ab und fliegt ganz normal weiter, damit niemandem etwas passiert.

Mannings beendete seinen kurzen Vortrag mit einem Lächeln. »Und nun dürfen Sie Fragen stellen«, sagte er mit einer lässigen Handbewegung in Richtung Publikum. Sofort meldete sich ein kleines Mädchen mit roten Locken. »Wie essen denn Astronauten im All, wenn alles schwerelos ist?« Edward Mannings zeigte erneut sein aufgesetztes Lächeln und antwortete: »Das Essen ist in kleine Portionen abgepackt und wird mit ein bisschen heißem Wasser aufgewärmt. Dann kann man es am besten direkt aus der Packung in den Mund drücken.« Dann fragte eine ältere Frau, wie schwer denn ein Raumanzug sei. »So ein Raumanzug wiegt bis zu 150 Kilo, darin können sich die meisten Menschen auf der Erde gar nicht bewegen. Dafür muss man schon sehr fit sein«, er schob seinen Brustkorb nach vorn und lächelte breit ins Publikum. »Dass der Anzug so schwer ist, liegt natürlich daran, dass er aus vielen verschiedenen Schichten besteht und jede Menge Technik enthält. Er muss ja auch viele Funktionen erfüllen.« Mannings ließ seinen Blick über das Publikum schweifen. Die Frau räusperte sich und fragte nach: »Verraten Sie uns, welche Funktionen das genau sind?« Dabei blickte sie auf zwei kleine Jungs neben sich, die gespannt lauschten. Mannings nickte gönnerhaft. »Aber natürlich. Dafür bin ich doch da.« Er ließ seine Hand durch sein Haar gleiten. »Der Anzug ist luftdicht und umschließt den gesamten Körper der Astronautin oder des Astronauten, auch Kopf, Hände und Füße. Das ist nötig, denn sonst könnte man darin im Weltall nicht überleben.« Mit lässigen Schritten lief er vor dem Publikum auf und ab. »So ein Raumanzug schützt uns Astronauten vor der Strahlung im Weltall und vor extremer Kälte und Hitze. Aber auch vor winzigen Meteoriten, die durch das All fliegen und uns treffen könnten. So ein Anzug ist letztlich wie ein eigenes kleines Raumschiff.« Er blieb vor der älteren Frau stehen. Einer der beiden Jungen war mittlerweile auf den Schoß der Frau geklettert. Mit piepsiger Stimme fragte der Kleine: »Und der Helm? Was kann denn der Helm?« Mannings schmunzelte. »Das kann ich dir sagen.« Er wandte sich nun wieder dem gesamten Publikum zu. »Der Helm ist wie der ganze Anzug ein Wunderwerk modernster Technik. Das Kunststoffvisier schützt den Astronauten vor Meteoriteneinschlägen und verfügt gleichzeitig über einen Sonnenschutz. Und natürlich strömt die ganze Zeit über Luft zum Atmen in den Helm. Über einen Schlauch, der im Helm angebracht ist, kann der Astronaut außerdem Wasser trinken, wenn er Durst bekommt. Besonders wichtig ist aber auch, dass sich die Astronautin oder der Astronaut beim Einsatz mit anderen Astronauten und mit dem Kontrollteam auf der Erde verständigen kann. Deshalb sind auch noch Kopfhörer und Mikrofone im Helm eingebaut.« Jetzt nahm Mannings ein kleines Mädchen dran, das sich schon die ganze Zeit gemeldet hatte. »Ja bitte, du dahinten.«

»Ist es nicht gefährlich, Astronaut zu sein? Hatten Sie mal Angst?«

Mannings hüstelte kurz. »Nein, natürlich nicht. Bei meiner Erfahrung und meiner guten Ausbildung hatte ich niemals Angst. Aber das ist sicher auch eine Frage der Persönlichkeit.«

Bob flüsterte Justus und Peter zu: »Dieser Mannings ist ein ganz schöner Angeber. Den hatte ich mir ganz anders vorgestellt.«

»Ja«, stimmte Peter ihm zu. »Webster meinte doch, er sei so nett.«

Justus war nun auf die Knie gegangen, damit er in Höhe der anderen sitzenden Zuschauer war und hatte seinen Arm nach oben gestreckt. »Ja, bitte, der Junge dort hinten im roten T-Shirt«, nahm Mannings ihn auch gleich darauf dran. »Wie häufig waren Sie denn schon im All?« Mannings räusperte sich und schob langsam die Ärmel seines Hemdes nach oben. Auf seinem einen Arm waren lange, rote Kratzer zu sehen. Hektisch zog er die Ärmel wieder runter und sagte kurz angebunden: »Ich habe bei diversen Raummissionen große Beiträge geleistet, junger Mann. So, der Nächste bitte.« Aber Justus ließ nicht locker. »Mr Mannings, wie hießen denn die Raummissionen, bei denen Sie dabei waren? Wir haben in der Ausstellung ein Foto von Ihnen gesehen und ...« Mannings ließ Justus gar nicht erst ausreden. »So, die Zeit ist leider um. Und ich habe heute noch viel zu tun. Verehrte Damen und Herren, liebes Publikum, viel Spaß bei der Vorstellung«, mit diesen Worten verließ er das Planetarium durch eine zweite Tür. Sie hörten gerade noch, wie er in Richtung von Adam, dem Vorführer, zischte: »Aus dem Weg, Mann, ich hab's eilig.«

»Los, ihm nach!«, flüsterte Justus. Die drei ??? wollten sich gerade auf den Weg zum Ausgang machen, als ihnen der Vorführer in den Weg trat. »Moment mal, ihr drei. Schön hiergeblieben«, er stoppte Justus an der Schulter. »Ihr wolltet doch unbedingt in diese Show.« Mit einer energischen Handbewegung schob Adam Justus wieder zurück in den Gang. »Setzt euch bitte. Die Türen öffnen erst wieder, wenn die Vorstellung vorbei ist«, sagte er und stellte sich dann in die Mitte des Raumes. »Liebe Zuschauerinnen und Zuschauer, tauchen Sie nun ein in ferne Welten und unendliche Galaxien ...« Über ihren Köpfen erschien ein glitzernder Sternenhimmel. »Ah, ist das aber schön!«, murmelte eine ältere Dame in der Reihe neben den Freunden. Und schon wandelte sich das Bild über ihnen. Millionen kleiner Sterne, die sich zu einer großen Spirale geformt hatten, zogen nun über die Kuppel des Planetariums: »Die Milchstraße, verehrtes Publikum, die Galaxie, in der wir leben«, sagte der Vorführer und fing an zu erzählen ...

Die Milchstraße

Sterne, Planeten, Gas und Staub sind im Weltall in riesigen Ansammlungen unterwegs, die man Galaxien nennt. Galaxien entstehen, weil sich die Materie anzieht. Die Galaxie, zu der unsere Sonne gehört, heißt Milchstraße. In ihr gibt es mehr als 100 Milliarden Sterne, die in einer Art Spirale angeordnet sind. Unsere Nachbargalaxie, die Andromeda-Galaxie, ist 2,5 Millionen Lichtjahre entfernt.

Das Universum

Im Universum gibt es Milliarden von Galaxien. Der Raum zwischen den Sternen und Galaxien ist bis auf vereinzelte Staubteilchen und verschiedene Gase leer. Niemand kennt die genaue Größe des Universums. Wir wissen nur, dass es riesig ist. Astronominnen und Astronomen haben herausgefunden, dass das Universum seit seiner Entstehung immer weiterwächst.

Die Schwerkraft

Sie ist eine der Grundkräfte des Universums. Ein Wissenschaftler namens Isaac Newton entdeckte vor rund 360 Jahren, dass jeder Körper im Universum von jedem anderen Körper angezogen wird. Allerdings ist die Schwerkraft abhängig von der Größe, Dichte und Masse des Körpers. Die Erde hat deshalb eine größere Anziehungskraft als ein Mensch. Egal, wie hoch du hüpfst, die Erde zieht dich wieder zurück auf den Boden.

Was ist ein Lichtjahr?

Die Entfernungen im Weltall sind riesig. Wenn man sie in Kilometern beschreibt, dann sind die Zahlen sehr lang. Weil das unpraktisch ist, haben sich Forscher eine andere Einheit überlegt: das Lichtjahr. Denn Licht bewegt sich schneller als alles andere, was wir kennen. In einem Jahr legt das Licht fast 9,5 Billionen Kilometer zurück.

»So, jetzt aber nichts wie raus hier«, meinte Bob, als die Show vorbei war. Doch Justus hielt ihn zurück. »Wartet mal kurz.« Während alle Zuschauer zum Ausgang strömten, schob sich Justus in die entgegengesetzte Richtung durch die Menge. Vor Adam, dem Vorführer, blieb er stehen. »Ihr schon wieder, was ist denn noch?«, fragte der mit gehobenen Augenbrauen.

»Wir sind Freunde von Tom Webster. Kennen Sie ihn?«, fragte Justus. »Tom? Natürlich!« Adams Miene wurde freundlicher. »Er kam gelegentlich aus dem Institut rüber ins Planetarium und hat uns unterstützt. Zum Beispiel wenn wir einen Forscher brauchten, der Fragen aus dem Publikum beantwortet. Hat viel Spaß gemacht mit ihm.« Dann warf er den dreien einen fragenden Blick zu. »Und woher kennt ihr ihn?«

»Ach, er wohnt jetzt in Rocky Beach, so wie wir. Da kennt man sich eben«, antwortete Justus. Adam nickte und plauderte drauflos: »Ach, in Rocky Beach ist er also. Viele Kollegen vermissen ihn richtig. Tom war immer so gut gelaunt. Ein richtiger Sonnenschein. Echt schade, dass ihm gekündigt wurde, hat hier keiner so richtig verstanden. Aber irgendeinen Grund wird's schon gehabt haben. Na ja, grüßt ihn mal von mir!«

»Machen wir!« Die drei Jungen verließen das Planetarium und fanden sich kurz darauf im Vorraum wieder.

»Ja, jede Wette, dass das einen Grund hatte«, murmelte Justus.

»Was sagst du?«, fragte Bob.

»Ach nichts, ich überlege nur.« Justus knetete nachdenklich

seine Unterlippe und zog dann den Plan des Observatoriums aus der Tasche. »Tom Webster war also ein beliebter Kollege. Besonders erfreut sah Mannings aber nicht aus, als wir ihn auf Tom angesprochen haben. Wir müssen diesen Mannings finden und zur Rede stellen.«

»Meinst du etwa, dieser Angeber ist unser Puzzleteilchen?«, fragte Peter skeptisch.

»Möglich«, meinte Justus nur und vertiefte sich wieder in den Plan. »Die Büros müssen hier liegen. Ich glaube, ich habe da vorhin eine Tür gesehen, die zum Forschungsinstitut führen könnte«, er zeigte auf den Plan. »Lasst uns mal im ersten Stock nachsehen.«

Wenig später standen die drei ??? vor einer weißen Sicherheitstür mit der Aufschrift *Nur für Angestellte*. Justus drückte die Klinke herunter, doch nichts passierte.

»Just, da kommen wir nicht rein, da braucht man eine Chipkarte oder so was.« Bob deutete auf einen kleinen, weißen Kasten, der neben der Tür hing. »Ich denke, wir sollten besser hier draußen warten«, murmelte Peter.

Hinter ihnen klackerten Schuhe über den Steinboden und die drei drehten sich um. »Kann ich euch helfen?«, sagte die junge Frau im blauen Kostüm, die am Vormittag mit dem Kassierer gesprochen hatte. An ihrer Jacke war ein Namensschild befestigt, auf dem *Elena Benting* stand.

Justus reagierte blitzschnell: »Ja, Mrs Benting, das wäre sehr nett. Wir kommen von der Rocky-Beach-Schülerzeitung und suchen nach Edward Mannings. Wir hätten ein paar Fragen an ihn für einen Artikel über Raumfahrt.«

»Für die Schülerzeitung?« Sie runzelte die Stirn und schaute auf ihre Armbanduhr. »Mr Mannings ist heute sehr beschäftigt. Ich fürchte, das wird leider nichts.«

»Aber wir sind extra aus Rocky Beach hierhergekommen, um mit ihm zu reden. Es dauert wirklich nicht lang.« Justus lächelte die Frau an. Sie wand sich einen Moment, lächelte dann aber zurück. »Na gut, kommt mal mit. Ich bin die Assistentin von Mr Mannings und ich glaube, er ist gerade in seinem Büro.«

Sie zückte eine Chipkarte und hielt sie gegen den weißen Kasten. Ein leises Klicken war zu hören und die Tür öffnete sich von selbst. Mrs Benting lief vor ihnen her durch einen breiten Gang. Rechts und links waren Türen, die zu Büroräumen führten. Schließlich blieb sie vor einem kleinen Wartebereich mit Stühlen stehen. »Bleibt bitte kurz hier, ich melde euch an.« Sie klopfte an eine der Türen. Als nichts passierte, öffnete sie die Tür einen Spaltbreit und warf einen Blick ins Büro. Zu den Jungen gewandt schüttelte sie bedauernd den Kopf. »Tut mir leid Jungs, er ist nicht da. Ich versuche mal, ihn telefonisch zu erreichen. Und ihr bleibt bitte genau hier sitzen.« Mrs Benting lief den Gang auf und ab und tippte auf ihrem Handy herum. Keine Minute später klingelte es. Aber es war offenbar nicht Mannings, der sie anrief. »Das Kamerateam ist da?«, hörten die drei ??? sie sagen. »Jetzt schon? Okay, dann ..., nein, nein, ich bin sofort da.« In Richtung der drei Freunde sagte sie: »Ich muss leider schnell los. Aber Mr Mannings hat mir eine Nachricht geschickt, er müsste in zehn Minuten da sein. Könnt ihr so lang hier warten?«

»Klar, Mrs Benting«, antwortete Justus. Die Assistentin warf ihnen noch einen forschenden Blick zu. Doch dann drehte sie sich um und lief mit schnellen Schritten in Richtung Eingang.

»Los, kommt, wir sehen uns mal in Mannings Büro um«, flüsterte Justus. Bob war ebenfalls schon aufgestanden, nur Peter saß noch auf seinem Stuhl. »Aber Just, was denkst du denn, was wir dort finden? Wir wissen doch gar nicht, ob er hinter dem Diebstahl steckt.«

»Ich habe da so ein Gefühl. Wir müssen es versuchen. Du hast Mrs Benting gehört, wir haben zehn Minuten!« Justus stand schon vor Mannings Bürotür. Neben dieser hing ein Schild mit der Aufschrift: *Wissenschaftlicher Leiter der Ausstellungen, Dr. Edward Mannings.*

»Na, dann wollen wir doch mal sehen.« Justus drückte die Klinke herunter, streckte den Daumen in die Höhe und winkte den anderen beiden, ihm zu folgen.

»Mach die Tür leise zu«, flüsterte Justus in Richtung Peter, der als Letzter das Büro betrat. »Muss ja keiner mitkriegen, dass wir hier drin sind.« Neben einem großen, grauen Schreibtisch im hinteren Teil des Büros gab es noch einen Schrank und einen Tisch mit zwei Stühlen. Bob lief direkt zum Schrank hinüber und fing an zu suchen. Justus nahm sich den Schreibtisch vor. Stapel von Büchern und Unterlagen lagen dort verstreut. Besonders ordentlich schien Mannings nicht zu sein.

Nach wenigen Augenblicken murmelte Justus: »Das ... das ist ja unglaublich!«

»Hast du etwas gefunden?«, fragte Peter und kam zu ihm herüber.

»Wenn mich nicht alles täuscht, ist das hier eine Rede, die Mannings für ein Interview mit einem Fernsehsender geschrieben hat«, sagte Justus, während seine Augen weiter über den Text flogen, den er in der Hand hielt.

»Ja und? Was steht denn drin?«, wollte Bob wissen, der gerade verschiedene Mappen mit Dokumenten aus dem Schrank zog.

»Hört mal zu, hier steht«, Justus suchte mit dem Finger die richtige Zeile, »blablabla ... freue ich mich sehr, Ihnen den neuen Planeten Caruso zu präsentieren, den ich nach jahrelangen Forschungen entdeckt habe. Es ist ein absoluter Sensationsfund, denn auf Caruso gibt es allem Anschein nach Leben ...« Justus sah Peter und Bob an und riss die Augen auf. »Wisst ihr, was das bedeutet?«

»Dass Mannings den Planeten von Tom Webster gestohlen hat«, stellte Bob nüchtern fest.

»Richtig«, Justus nickte. »Jede Wette, dass er gleich dem Fernsehteam den Planeten Caruso als seine eigene Entdeckung vorstellt!«

»Das wäre ja wirklich das Letzte«, sagte Peter. Justus nickte zustimmend. »Jetzt brauchen wir nur noch ein Beweisstück. Eines, das ganz klar zeigt, dass es Websters Planet ist und Mannings ein Dieb.«

»Zum Beispiel Websters Computer?«, Bob zog gerade einen silbernen Laptop hinter einem Stapel Unterlagen hervor. »Schaut mal, auf der Unterseite des Rechners ist ein kleiner Aufkleber, da steht T. W. – also, wenn das kein stichhaltiger Beweis ist.«

»Zeig mal her«, Justus war sofort an Bobs Seite. »Ja, T. W. eindeutig. Super, Bob, genau so etwas brauchen wir. Aber schieb ihn mal wieder in den Schrank zurück, wir wissen ja jetzt, wo er ist.«

Dann wedelte er mit Mannings Rede. »Mannings spricht hier übrigens auch vom Internationalen Preis der Weltraumforschung. Offenbar will er Websters Ergebnisse dort als seine eigenen einreichen.«

»So ein mieser Typ!«, sagte Bob empört. »Tom Webster kann einem richtig leidtun.«

»Muss er nicht, Bob. Weil wir den Fall jetzt aufklären werden«, sagte Justus zuversichtlich und blätterte in den Unterlagen auf dem Schreibtisch. »Mannings ist ja wirklich gründlich. Er hat sogar Antworten vorbereitet, falls das Kamerateam ihn etwas zu Exoplaneten fragt.«

»Zu Exo-was?«, fragte Bob verwirrt und Justus hielt ihm einen Zettel mit verschiedenen Fragen und Antworten hin.

Mittlerweile weiß man, dass es auch Planeten außerhalb unseres Sonnensystems gibt. Sie werden als extrasolare Planeten bezeichnet (abgekürzt: Exoplaneten). Schon mehr als 4.000 dieser Exoplaneten wurden bisher entdeckt. Wie die Planeten in unserem Sonnensystem kreisen sie um einen Stern. Ob es auf diesen Exoplaneten Leben gibt, ist bislang nicht sicher. Aber die Wissenschaftler sind sich einig, dass das sehr gut möglich ist. Nämlich dort, wo die Bedingungen so ähnlich sind wie auf unserer Erde. Wo es also weder zu heiß noch zu kalt ist und es flüssiges Wasser und Luft zum Atmen gibt.

Nachricht für Außerirdische

Beide Voyager-Sonden haben Datenplatten mit Bildern und Tönen von der Erde bei sich. Falls Außerirdische die Sonden finden, erhalten sie einen Eindruck von unserem Leben auf der Erde.

»Unsere Generation könnte diejenige sein, die Beweise für Leben außerhalb der Erde entdeckt.«
James L. Green, ehemaliger Chefwissenschaftler der NASA

Voyager Golden Records

In den Tiefen des Weltraums

Ohne Raumsonden wüssten wir vieles über den Weltraum noch nicht. Ganz ohne Menschen an Bord dringen sie in unerforschte Teile des Universums vor. Dort umrunden sie Planeten, sammeln Gesteinsproben auf weit entfernten Monden und senden uns per Funk Bilder aus dem All. Und sie suchen für uns nach Lebewesen auf anderen Planeten, wie die Raumsonden Voyager 1 und 2. Sie sind seit 1977 im Weltraum unterwegs. Mittlerweile sind die beiden Voyager-Sonden die von Menschen gebauten Objekte, die am weitesten ins Universum vorgedrungen sind!

Voyager-Raumsonde

»Wir müssen das melden!«, sagte Bob. »Mannings ist eindeutig ein Dieb.«

»Aber wo meldet man denn einen Planetendiebstahl?«, fragte Peter. »Bei der NASA?« Dann sah er nervös auf seine Armbanduhr. »Leute, Mannings müsste jeden Moment hier sein.«

»Stimmt, wir müssen uns beeilen«, meinte Justus. »Ich rufe nur noch schnell Kommissar Reynolds an. Er wird schon wissen, wen man in einem solchen Fall verständigen muss.« Justus griff zum Telefon auf Mannings Schreibtisch.

»Ja, Reynolds«, meldete sich der Kommissar wenige Augenblicke später. Justus erklärte ihm schnell, was sie herausgefunden hatten.

»Das ist ja wirklich allerhand«, sagte Kommissar Reynolds. »Danke, Jungs, für den Anruf. Ich verständige sofort die Kollegen in Los Angeles. Die werden in Kürze bei euch sein. Bis dahin passt ihr bitte auf euch auf!«

»Klar, machen wir doch immer«, sagte Justus und legte auf. Peter stand schon an der Tür und wurde jetzt noch nervöser. »Just, Bob – da kommt jemand!« Und tatsächlich waren von draußen Stimmen zu hören, die näher und näher kamen.

»Mist, die sind gleich da«, sagte Justus leise. »Los, versteckt euch!« Bob schlüpfte eilig in den Schrank, dessen eine Hälfte als Garderobe genutzt wurde, und versteckte sich hinter den Jacken, die dort hingen. Peter verschwand mit einem Satz unter dem Schreibtisch. Nur Justus wusste nicht, wohin er sollte. Unter den anderen Tisch? Nein, da würde man ihn sofort sehen. Unter den Schreibtisch zu Peter? In diesem Moment wurde die Klinke gedrückt und die Tür ging auf. Justus konnte sich gerade noch dahinter verstecken.

»Mrs Benting«, schimpfte Mr Mannings, »das darf doch nicht wahr sein! Wie oft muss ich Sie noch daran erinnern, meine Bürotür abzuschließen!« Mrs Benting murmelte etwas, was wie eine Entschuldigung klang. Zielstrebig lief Mannings zum Schreibtisch und schnappte sich seine Rede. Dann wandte er sich wieder an seine Assistentin und knurrte: »Und wo sind jetzt diese drei Jungen, von denen Sie gesprochen haben? Ich hoffe, das sind nicht diese nervigen Gören aus der Vorstellung.« Justus sah von seinem Versteck hinter der Tür aus, wie Mrs Benting die Achseln zuckte. »Gerade eben waren sie noch da. Aber dann musste ich weg, um das Kamerateam abzuholen. Vielleicht ist den Jungs langweilig geworden und sie sind wieder in die Ausstellung gegangen?«

»Wo auch immer sie sind. Sie werden sie jetzt suchen«, zischte Mannings. Er fuhr sich nervös mit der Hand durch die Haare. »Und wenn Sie sie gefunden haben, warten Sie vor meinem Büro mit ihnen, bis ich mit dem Interview fertig bin. Ist das klar?« Mrs Benting murmelte wieder etwas, das kaum zu verstehen war. Doch Mannings schien es zu genügen. Er nickte und sein Blick wanderte kurz durch den Raum. Justus schob sich sicherheitshalber noch etwas weiter hinter die Tür. Ihm war aufgefallen, dass Mannings sich umgezogen hatte. Er trug jetzt ein grünes Hemd und eine braune Hose. Mannings lief zum Schrank, in dem Bob sich versteckte, und öffnete ihn. Die Jungen hielten nervös den Atem an. Was, wenn Mannings Bob entdecken würde? Bob presste sich fest an die Rückwand des Schranks. Mannings suchte die Jacken ab und hatte schließlich gefunden, was er suchte. Mit zufriedener Miene zog er einen Gürtel aus dem Schrank. Bob atmete erleichtert aus. Mannings hielt inne. Hatte er Bobs Ausatmen gehört? Er starrte für einige Sekunden in den Schrank, schüttelte dann den Kopf und schloss die Tür. Dann wandte er sich wieder seinem Schreibtisch zu. Aus einer Schublade zog Mannings einen kleinen Spiegel und betrachtete sich prüfend. Er fuhr sich mit der Hand durch die Haare und zupfte hier und da ein paar Strähnen zurecht. Dann griff er nach einer dunkelblauen Mappe und eilte aus dem Büro. Mrs Benting folgte ihm. Draußen auf dem Gang rief Mannings seiner Assistentin zu: »Und schließen Sie diesmal ab, verdammt noch mal!« Keine zwei Sekunden später hörten die drei, wie ein Schlüssel im Schloss der Tür gedreht wurde. Sie waren eingesperrt.

»Puh«, sagte Justus. »Das war knapp.«

»Allerdings«, bestätigte Bob, der sich gerade zwischen zwei Jacken durchschob und aus dem Schrank stieg. »Gut, dass Mannings mich nicht entdeckt hat, sonst hätte ich ganz schön in der Patsche gesessen.«

Auch Peter tauchte jetzt wieder neben dem Schreibtisch auf. Mit besorgter Miene sah er sich um. »Und jetzt? Wie sollen wir hier wieder rauskommen?«

Justus sah zum Fenster hinaus und schüttelte den Kopf.

»Viel zu hoch. Hier kommen wir nicht runter.« Peter war inzwischen auf den Schreibtisch gestiegen und hüpfte mit ausgestreckten Armen nach oben.

»Peter, was wird denn das, wenn's fertig ist?«, fragte Bob skeptisch.

»Ach nichts«, murmelte Peter. Er hüpfte noch ein paarmal in die Luft und öffnete mit der Hand schließlich eine Klappe, die sich oben in der Decke befand. Mit einem triumphierenden Grinsen sah er sich nach Justus und Bob um. »Ich habe nur gerade unseren Ausgang gefunden.« Er deutete auf die Klappe.

»Aha«, sagte Bob und runzelte die Stirn. »Den Ausgang für Schlangenmenschen?«

»Ach was, das hier ist ein Lüftungsschacht, der ist breit genug für uns. Auf allen vieren passen wir da locker durch. Ich habe so was schon mal in einem Film gesehen.«

»Und was für ein Film war das?«, forschte Bob nach. »Einer mit Akrobaten?« Doch Justus stimmte Peter zu. »Er hat recht. Das könnte funktionieren.«

Peter stellte einen Stuhl auf den Schreibtisch. »Los, Bob, du zuerst.«

»Wenn es unbedingt sein muss.« Bobs Gesichtsausdruck verriet, dass er von dem Vorhaben nicht viel hielt. Doch mit etwas Hilfe von Peter gelang es ihm schon wenig später, in den Schacht zu klettern. Als Zweiter war Justus an der Reihe. Doch egal, wie sehr er versuchte, sich mit den Armen nach oben zu ziehen, er kam nur wenige Zentimeter voran. Schließ-

lich fasste Bob seine Hände und zog von oben. Als Justus im Schacht angekommen war, räumte Peter den Stuhl zurück. Dann sprang er vom Schreibtisch aus nach oben und suchte mit den Händen Halt am Rand des Schachtes. Ohne Probleme zog er sich hinein und schloss die Klappe hinter sich. »Los jetzt«, flüsterte Justus. »Aber leise. Wir sind immer noch über den Büros.«

Wie zur Bestätigung klackerte es unter ihnen und jemand schimpfte vor sich hin: »Wie stellt er sich das denn vor?«

»Das ist die Benting«, entfuhr es Bob. »Pssst!«, machte Justus von hinten.

»Wo soll ich diese Jungen denn suchen?«, schimpfte die Assistentin unter ihnen im Gang. »Die sind verschwunden wie in einem schwarzen Loch. Ach was, ein schwarzes Loch ist nix dagegen!« Die klackernden Schritte entfernten sich. Als sie kaum mehr zu hören waren, fragte Peter leise: »Was hat sie gesagt? Ein schwarzes Loch, das uns verschlingt? Ganz schön viel Fantasie diese Benting.«

»Nein, Peter, im Universum gibt es tatsächlich solche schwarzen Löcher.« Unter ihnen im Gang waren nun wieder Stimmen zu hören. »Warte mal, ich erzähl's dir gleich. Wir müssen erst mal hier weg. Unter uns sind zu viele Leute, die uns hören könnten. Vermutlich sind wir gerade direkt über der Eingangshalle.« Auf allen vieren krabbelten sie weiter. Als es unter ihnen wieder still geworden war, fing Justus leise an zu erklären ...

Was sind schwarze Löcher?

Mysteriöse Objekte

Schwarze Löcher zählen zu den geheimnis-
vollsten Objekten des Weltalls. Sie haben
eine so große Anziehungskraft, dass sie
alles um sich herum verschlingen – auch
das Licht. Daher kommt auch der Name
»schwarze Löcher«. Im Grunde sind diese dunklen Stellen im All aber
unsichtbar. Nur wenn sie andere Himmelskörper einsaugen, geben sie
eine helle Strahlung ab. Daran können die Wissenschaftler erkennen,
wo sich ein schwarzes Loch befindet. Aber wie genau ein schwarzes
Loch aussieht, weiß niemand.

Das erste Bild eines schwarzen Lochs

Wie entstehen schwarze Löcher?

Sie können entstehen, wenn sehr große Sterne sterben und in einer
gewaltigen Explosion in sich zusammenfallen. Das nennt man auch
eine Supernova. Aber schwarze Löcher können sich auch nach dem
Zusammenstoßen von zwei
Sternen bilden. Häufig findet
man sie im Mittelpunkt von
Galaxien. Auch in unserer
Milchstraße gibt es ein
schwarzes Loch. Es ist vier
Millionen Mal so schwer wie
die Sonne.

Überreste einer Supernova-Explosion

Die Metallplatten des Lüftungsschachts knarrten leise unter ihnen bei jeder Bewegung. »Wir müssten jetzt im hinteren Teil der Ausstellung sein. Ich glaube, in Raum 5«, meinte Justus bei einem Blick auf den Plan. »Hier können wir vielleicht unbemerkt aussteigen.«

Bob zeigte auf eine Stelle vor ihnen. »Da ist eine Klappe«. Sie lauschten eine Weile, aber von unten waren keine Geräusche zu hören. Dann drückte Bob die Klappe vorsichtig auf und linste nach unten. »Kommen wir da auch runter?«, wollte Justus wissen. »Bis zum Boden sind es doch sicher drei Meter.«

»Ich denke schon. Direkt unter uns hängt ein Modell des Saturns. Daran müssten wir runterklettern können.« Bob und Justus ließen sich nacheinander aus der geöffneten Klappe rutschen und landeten auf dem großen Planetenmodell. Es schwankte leicht hin und her, aber es hielt. Mit beiden Händen hielten sie sich am Ring des Saturns fest und sprangen auf den Boden.

Nun war Peter dran. Seine Beine hingen bereits aus der Klappe, als sie ein Klackern auf dem Steinboden hörten. »Mist, die Benting. Los, Peter, schnell«, zischte Bob nervös. In Windeseile zog Peter sich wieder hoch und schloss die Klappe. Justus und Bob versteckten sich hinter einem weiteren Planetenmodell. Gerade noch rechtzeitig, denn schon stand Mr Mannings' Assistentin mitten im Raum. Neben ihr tauchten zwei uniformierte Wachleute auf. Gemeinsam sahen sie sich im Ausstellungsraum um. »Hier ist niemand, gehen wir weiter«, meinte einer der Wachleute. Mrs Benting nickte zögerlich und

die drei verließen den Raum. »Puh, das war knapp«, stöhnte Bob als Peter geschickt neben ihm auf dem Boden landete.

»Los, kommt!«, sagte Justus energisch und stapfte los.

»Äh, und wohin genau, wenn man fragen darf?«, wollte Bob wissen.

»Wir müssen Mannings aufhalten. Bevor er dem Kamerateam erzählt, dass er den Planeten entdeckt hat«, sagte Justus bestimmt.

»Okay, aber wenn wir einfach so durch die Ausstellung spazieren, hat uns die Benting schneller erwischt, als wir bis drei zählen können«, gab Bob zu bedenken. »Du hast recht, Bob«, räumte Justus ein. Bob sah sich im Raum um und mit einem Mal hellte sich seine Miene auf.

»Ich weiß, was wir machen.« Er deutete in eine Ecke des Raumes. »Das dahinten ist der Kinderbereich. Das habe ich vorhin in unserem Plan gesehen. Da gibt es eine Verkleidungskiste mit Astronautenanzügen. Darin erkennt uns garantiert niemand, auch die Benting nicht.« In Windeseile hatten sich die drei ??? verkleidet. Mit dem NASA-Logo auf der Brust und den Helmen sahen sie fast aus wie echte Astronauten.

In ihren Kostümen konnten sie sich nun unbeobachtet durch die Ausstellung bewegen. Vor Saal 2 blieben sie stehen. Von Mrs Benting war nichts zu sehen, allerdings war der Eingang des Saales mit einem Band abgesperrt. Zusätzlich waren zwei Mitarbeiter des Planetariums in blauer Uniform rechts und links neben dem Eingang postiert. »Mist, da kommen wir nicht rein«, meinte Bob. »Und jetzt?«

»Vielleicht gibt es noch einen zweiten Eingang«, murmelte Justus, als sie in einen schmalen Gang neben Saal 2 abbogen.

»Hier geht's nur zu den Toiletten, Just«, sagte Peter aufgeregt. »Hier kommen wir nicht weiter.«

»Und was ist das hier?«, Justus blieb vor einer schmalen weißen Tür stehen, die seitlich in die Wand eingelassen war. »Da steht doch *Nur für Angestellte*«, bemerkte Peter.

»Ja und?«, erwiderte Justus. »Das ist ein Notfall! Wir müssen einen Verbrecher aufhalten und dazu müssen wir irgendwie in diesen Raum kommen.« Schon hatte er die Tür geöffnet. Eine schmale Metalltreppe führte von dort aus nach oben. »Wir sind jetzt hinter der Wand von Saal 2. Das ist wahrscheinlich eine Art Schacht für die Technik«, überlegte der Erste Detektiv und deutete auf ein paar Schalter an der Wand.

In diesem Moment riss jemand hinter ihnen die Tür auf. Die drei ??? sprangen die letzten Stufen hinauf und sahen sich hektisch um. Es gab nur eine kleine Luke in der Wand, ansonsten endete der Metallsteg wenige Meter vor ihnen.

»Schnell hier durch«, flüsterte Bob. Sie kletterten eilig durch die Luke und fanden sich in einem winzigen Raum wieder. Justus schloss gerade den Einstieg hinter ihnen, als sie Schritte auf der Metalltreppe hörten. »Nein, hier sind sie nicht, du kannst unten bleiben«, rief eine Männerstimme und die Schritte entfernten sich wieder.

Die drei Freunde atmeten erleichtert auf und sahen sich um. Im Inneren des winzigen Raums gab es nur drei abgenutzte Sitze und jede Menge Knöpfe und Schalter. Als Bob auf einen der Sitze kletterte, schwankte der ganze Raum.

»Äh, wo sind wir denn jetzt gelandet?«, fragte er. Justus beugte sich nach vorn und schaute aus einem der kleinen, runden Fenster, die sich vor den Sitzen befanden. »Wenn mich nicht alles täuscht, sind wir jetzt in Saal 2, und zwar im Inneren dieser grauen Raumkapsel.«

»Was? Du meinst dieses runde Ding, das an der Wand hängt?«, entfuhr es Peter.

»Genau das meine ich.« Justus winkte ihn zu sich. Als Peter neben ihn auf den Sitz kletterte, neigte sich die Kapsel zur Seite und es knirschte verdächtig. Erschrocken machte Peter einen Satz zurück, um das Gleichgewicht wiederherzustellen. Von unten hörten sie Stimmen. »Das ist doch Mannings, oder?«, fragte Bob, der von seinem Sitz aus nach draußen schaute.

»... habe ich den Planeten Caruso entdeckt. Einen Planeten, der unserer Erde sehr ähnlich ist. Das heißt, hier könnte es tatsächlich Leben geben.« Von ihrem Platz in der Kapsel aus konnten sie Edward Mannings gut sehen. Er stand auf der gegenüberliegenden Seite des Saals und lächelte eine blonde Frau im gelben T-Shirt an, die ihm ein Mikrofon vor die Nase hielt.

»Mist, da ist schon das Kamerateam. Was machen wir denn jetzt?«, fragte Peter.

Hinter Mannings und der Reporterin an der Wand wurde jetzt ein Bild eingeblendet: Zu sehen waren ein Stern und davor die Umrisse des neu entdeckten Planeten. »Mr Mannings, könnten Sie Ihren letzten Satz noch einmal wiederholen?

Diesmal mit dem Planeten im Hintergrund?«, fragte die blonde Frau, die einen Pferdeschwanz trug, und rückte ihre Brille zurecht. Dann drehte sie sich zu ihrem Kameramann um. »David, geht das so?« Der Kameramann zeigte seinen hochgestreckten Daumen und Mannings legte los. »Mein Name ist Edward Mannings und ich kann Ihnen heute eine Sensation präsentieren ...« Weiter kam er nicht, denn auf der anderen Seite des Raums ertönte ein lautes Quietschen. Entsetzt starrten Mannings und die blonde Reporterin auf die Raumkapsel, die nun nicht mehr gerade an der Wand hing, sondern sich immer weiter nach vorn neigte. Wie in Zeitlupe löste sich die Raumkapsel aus ihrer Befestigung an der Wand.

»Just, mach was!«, rief Bob und klammerte sich an einem der Sitze fest. »Wir sind einfach zu schwer, wir müssen hier wieder raus!«, rief Justus. Doch es war zu spät: Mit einem Ächzen gaben die dicken Schrauben und Metallstreben nach, mit denen die Kapsel an die Wand montiert war. Jetzt hing sie nur noch an einem Drahtseil an der Decke. Alle ihm Raum hielten den Atem an. Für einen kurzen Moment schwang die Kapsel hin und her, dann gab das Seil nach und die Kapsel glitt nach unten.

»Ahhh!«, schrien Justus, Peter und Bob erschrocken auf. Doch mit einem Ruck fing sich die Kapsel kurz über dem Boden und schaukelte schnell hin und her. Zum Glück waren die Sitze gut gepolstert und keinem von ihnen war etwas passiert.

»Los, raus hier.« Von draußen waren aufgeregte Stimmen zu hören. »Hast du das gefilmt, David?«, hörten sie die Stimme der Reporterin. Dann öffnete sich die Luke der Raumkapsel und im Saal wurde es mucksmäuschenstill. Justus, Peter und Bob kletterten in ihren Raumanzügen aus der Kapsel und nahmen die Helme ab. Mannings erkannte sie sofort: »Mrs Benting!«, schrie er. »Schaffen Sie diese Kinder hier raus. Das kann ja wohl nicht wahr sein!«

»Moment mal«, sagte Justus und ging auf Mannings zu. »Vorher möchte ich noch etwas aufklären.« Er wandte sich an die Frau mit dem Mikrofon. »Edward Mannings ist nicht der Entdecker des Planeten Caruso, sondern Tom Webster. Mr Mannings hat seine Ergebnisse gestohlen.«

Die Reporterin schaute irritiert von Justus zu Edward Mannings. »Ist das ein Scherz?«, fragte sie.

»Natürlich ist das ein Scherz«, bestätigte Mannings nervös und zupfte an seinem Hemdkragen. »Beachten Sie diese Kinder am besten gar nicht.« Mannings Assistentin Mrs Benting lief auf die drei Jungen zu, doch sie wichen ihr aus. Dabei rief Justus: »Wir haben Beweise! Edward Mannings ist gestern bei Tom Webster eingebrochen. Vermutlich wusste er von Websters Forschungen.«

»Aber sicher wusste er das«, sagte nun eine bekannte Stimme und die drei ??? fuhren erstaunt herum. Kommissar Reynolds hatte den Raum betreten, dicht gefolgt von Tom Webster und zwei Polizistinnen des Los Angeles Police Department.

»Kommissar Reynolds!«, rief Justus erstaunt.

»Ja, Jungs, als euer Anruf kam, war ich gerade in der Sternwarte bei Mr Webster. Ich dachte mir, ich schaue mal lieber selbst nach euch und bringe den jungen Mann hier gleich mit.« Er nickte Tom Webster zu. Dieser zeigte auf das Planetenbild im Hintergrund. »Das ist er! Caruso, mein Planet.« Mit trauriger Miene wandte er sich an Mannings: »Das hätte ich nie von dir gedacht, Edward. Ich dachte, wir wären Freunde.« Mannings Gesichtsfarbe wechselte von Rot zu Weiß und wieder zu Rot. Dann sah er zu der Reporterin. »Ich bin der Entdecker von Caruso, das kann ich beweisen, ich habe hier sämtliche Unterlagen. Das sehen Sie doch«, beharrte er und fasste sich mit einer Hand an den Kragen. Dabei fiel ein Teil der Unterlagen auf den Boden.

Justus hob einen der Zettel auf. »Kommissar Reynolds. Das hier sind hundertprozentig die Unterlagen, die Tom Webster beim Forscherpreis einreichen wollte.« Tom Webster schaute auf den Zettel und nickte.

»Wie kommst du dazu, so etwas zu behaupten?«, rief Mannings wutschnaubend.

»Ich habe gestern diesen Zettel hier bei Mr Webster mitgenommen. Darauf sind drei kleine Kleckse zu erkennen. Offenbar hat sein Drucker einen Defekt.« Justus hielt dem Kommissar den Zettel hin. Auch die Reporterin hatte sich nun dazugestellt und schaute auf das Papier. »Und das hier ist der Ausdruck, der angeblich von Mr Mannings Drucker stammt.« Beide Zettel hatten an genau der gleichen Stelle drei kleine schwarze Flecken. Edward Mannings war kreidebleich geworden.

»Und warum haben Sie den Planeten ausgerechnet Caruso genannt, Mr Mannings?«, fuhr Justus fort.

»Den Namen habe ich mir ausgedacht.« Auf Edward Mannings Stirn waren kleine Schweißperlen zu sehen.

»Nein, haben Sie nicht«, sagte Justus. »Mr Webster hat seinen Planeten nach seinem Kater Caruso benannt. Der Ihnen gestern den Arm zerkratzt hat, wenn ich mich nicht irre.« Mannings fasste sich unwillkürlich an den rechten Arm.

»Zeigen Sie uns doch bitte mal Ihre Arme, Mr Mannings«, sagte nun Kommissar Reynolds und Mannings schob nach einem kurzen Zögern widerwillig seine Ärmel hoch. Tiefe Kratzer zogen sich über seinen rechten Unterarm. »Das beweist noch gar nichts. Ich habe mir den Arm bei der Gartenarbeit zerkratzt«, rief Mannings und seine Stimme überschlug sich. »Ich bin der Entdecker des Planeten. Das sind meine Forschungen. Die lasse ich mir nicht wegnehmen!«

Tom Webster trat einen Schritt auf ihn zu und sah sich die Kratzer an. Vier dicht nebeneinanderliegende Spuren. »Caruso mag keine Fremden, schon gar nicht in seinem Zuhause. Da versteht er keinen Spaß.«

»Dieses verdammte Vieh!«, entfuhr es Mannings. Er erstarrte und biss sich auf die Lippe.

»Würden Sie uns jetzt noch Ihre Schuhsohlen zeigen, Mr Mannings?«, fragte Justus nun. Mannings Schultern sackten nach unten. Er seufzte und hob dann ohne Widerrede einen Fuß. »Eine kleine Krone auf der Sohle ... und ich würde schätzen, Größe 45, richtig?« Mannings starrte Justus nur an und dieser fuhr entschlossen fort: »Sie sind gestern mit einer Leiter in die Sternwarte von Rocky Beach geklettert und haben Tom Websters Unterlagen gestohlen.« Die restlichen Dokumente rutschten Mannings nun auch noch aus der Hand und fielen auf den Boden. Er sah Justus mit großen Augen an und schwieg einen Moment. »Ja, so war es«, flüsterte er dann kaum hörbar. »Ich wollte doch nur auch endlich mal im Fernsehen sein. Berühmt werden. All das, was meine Kollegen schon vor Jahren hatten. Damals hätte ich als Astronaut groß rauskommen können, aber dann wurde ich kurz vor der Raummission krank und konnte nicht mitfahren. Die anderen sind gefeiert worden, als sie zurückkamen – und haben ein Fernsehinterview nach dem anderen gegeben. Und ich? Nichts. Das ganze Training, die viele Arbeit – alles umsonst! Bei der nächsten

Mission war ich schon zu alt. Und dann kam Tom an unser Institut. Ich habe sofort gemerkt, was er für ein Genie ist.« Mannings verschluckte sich und musste kurz husten. »Ich habe dafür gesorgt, dass er entlassen wird, und ihn auf die Sternwarte in Rocky Beach aufmerksam gemacht. So wusste ich immer, an was er arbeitet und welche Fortschritte er macht.«

Hinter Kommissar Reynolds hatten sich die beiden Polizistinnen in Stellung gebracht. »Edward Mannings«, sagte nun eine von ihnen. »Ich verhafte Sie wegen Diebstahls. Folgen Sie mir bitte.«

Mannings und die Polizistinnen verließen den Raum. Die blonde Reporterin hatte sich direkt auf Tom Webster gestürzt und interviewte ihn. Mit verstrubbelten Haaren, in T-Shirt und Shorts grinste er in die Kamera. Die drei ??? sahen sich erleichtert an. »Na, das ist ja noch mal gut gegangen«, sagte der Kommissar und klopfte Justus auf die Schulter. »Dank euch!«

Am nächsten Morgen saß Justus beim Frühstück auf der Veranda mit Tante Mathilda, als Peter und Bob auf ihren Rädern angefahren kamen, um ihn abzuholen. Heute sollte es endlich an den Strand gehen. »Just, mach schon«, drängte Peter. »Wir wollen endlich ans Meer.« Er stellte seinen Rucksack mit den Badesachen neben sich ab.

»Hört mal her«, sagte Tante Mathilda und raschelte mit ihrer Zeitung. »Planet mit möglichem Leben entdeckt. Und zwar von Tom Webster, einem jungen Forscher aus Rocky Beach.«

»Zeig mal«, sagte Justus und Tante Mathilda reichte ihm die Zeitung. Peter und Bob waren sofort bei ihm und schauten über seine Schulter. »Cool. Webster bekommt eine Stelle als Leiter der Forschung im Observatorium«, murmelte Bob. »Und er wird schon als Gewinner des Internationalen Preises der Weltraumforschung gehandelt«, ergänzte Peter. Die drei Freunde grinsten sich an.

»Webster, Webster – ist das nicht der junge Mann, der bei Titus Schrott gekauft hat?«, fragte Tante Mathilda. In diesem Moment tauchte Onkel Titus auf der Veranda auf. »Webster? Ja, der hatte doch sein Portemonnaie liegen lassen«, sagte

Onkel Titus. »Da fällt mir ein, Jungs, ihr bekommt noch ein Eis von mir.« Er zog einen 10-Dollar-Schein aus seiner Hosentasche und gab ihn Justus. Dann ließ er sich mit einem Seufzer auf den Stuhl neben Tante Mathilda fallen. »Mir ist vielleicht gerade etwas Blödes passiert. Mein Navi hat den Geist aufgegeben. Ausgerechnet als ich auf dem Weg zu einem Kunden war. Ich habe ewig gebraucht, um die richtige Straße zu finden.«

»Dein Navi ist bestimmt ausgefallen, weil ein Stück Schrott im Weltraum einen Satelliten beschädigt hat«, vermutete Justus. »Es muss sich wirklich dringend mal jemand um den ganzen Weltraumschrott kümmern. Das sind schließlich keine Blechdosen, die da rumfliegen, sondern wertvolle Materialien wie Titan, Carbon und sogar Gold.« Onkel Titus warf ihm einen überraschten Blick zu. »Wertvolle Materialien, sagst du? Dann ist das All ja eine richtige Goldgrube!«

»Allerdings!«, sagte Justus. »Höchste Zeit, dass du eine Filiale auf dem Mond eröffnest.«

»Das fehlte gerade noch!«, sagte Tante Mathilda. »Wie soll ich denn da den Kirschkuchen hinbringen?« Onkel Titus fing an zu lachen und Justus, Peter und Bob stimmten mit ein.

Das Weltraum-Quiz

Wie viele Planeten gibt es in unserem Sonnensystem?

1. 6
2. 8
3. 9

Wie werden Sterne geboren?

1. Sie sind Teile von Planeten, die sich abspalten.
2. Sie entstehen in Wolken aus Gas- und Staubteilchen.
3. Aus vielen Sternschnuppen wird ein Stern.

Welches Sternbild ist das?

1. Die große Schubkarre
2. Der große Wagen
3. Der große Himmelstopf

Was sind Sternschnuppen?

1. Kleine Gesteinsbrocken, die in der Erdatmosphäre verglühen.
2. Herabfallende Sterne.
3. Stücke, die von Sternen abbrechen und durch den Weltraum fliegen.

Was ist ein Asteroid?

1. Ein kleiner Planet.
2. Ein Stück Gestein, das auf die Erde herabgefallen ist.
3. Ein großer Gesteinsbrocken, der im All unterwegs ist.

Wie heißt dieser Planet?

1. Jupiter
2. Neptun
3. Saturn

Was ist eine Galaxie?

1. Eine Gruppe von Planeten.
2. Eine sehr große Ansammlung von Sternen.
3. Unser Sonnensystem.

Wie nennt sich die Urkraft des Universums, die dafür sorgt, dass sich alle Körper gegenseitig anziehen?

1. Schwerkraft
2. Leerkraft
3. Universalkraft

Wie oft ist der Halleysche Komet von der Erde aus zu sehen?

1. alle 37 Jahre
2. alle 76 Jahre
3. alle 17 Jahre

Was ist ein Exoplanet?

1. Ein Planet außerhalb unseres Sonnensystems.
2. Ein extrem großer Planet.
3. Ein Zwergplanet.

Lösungen

Wie viele Planeten gibt es in unserem Sonnensystem?
8

Wie werden Sterne geboren?
Sie entstehen in Wolken aus Gas- und Staubteilchen.

Welches Sternbild ist das?
Der große Wagen

Was sind Sternschnuppen?
Kleine Gesteinsbrocken, die in der Erdatmosphäre verglühen.

Was ist ein Asteroid?
Ein großer Gesteinsbrocken, der im All unterwegs ist.

Wie heißt dieser Planet?
Saturn

Was ist eine Galaxie?
Eine sehr große Ansammlung von Sternen.

Wie nennt sich die Urkraft des Universums, die dafür sorgt, dass sich alle Körper gegenseitig anziehen?
Schwerkraft

Wie oft ist der Halleysche Komet von der Erde aus zu sehen?
alle 76 Jahre

Was ist ein Exoplanet?
Ein Planet außerhalb unseres Sonnensystems.

Rekorde jagen mit Justus, Peter & Bob!

Sach Wissen

Die drei ??? Kids
Die Rekorde-Jagd

Ein aufregender Fall aus Rocky Beach

Entdecke coole, unglaubliche und kuriose Rekorde!

Spannendes Wissen mit vielen Bildern

Erscheint Juli 2023

ca. 11,00 € [D], 112 Seiten
ISBN 978-3-440-17634-4
Preisänderung vorbehalten

Rocky Beach im Rekorde-Fieber! Das kleine Küstenstädtchen nimmt an einem Wettbewerb teil, bei dem die Stadt gewinnt, die die meisten Rekorde aufstellt. Justus, Peter und Bob sind natürlich ganz vorne mit dabei, als plötzlich alles schief geht und die Chance auf den Gewinn von 150.000 Dollar verloren scheint ...

kosmos.de/diedreifragezeichenkids